誰でも書ける！
「発明・研究・技術」小論文の書き方
成功・出世するノウハウを教えます

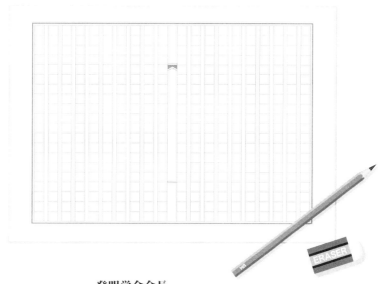

発明学会会長
東京日曜発明学校校長
中本繁実[著]

文章が上手でないと、本は書けない、と思っていませんか。

　原稿が採用されるかどうかについては、文章の上手、下手よりも、もっと大事なことがあります。

　それは、いままでになかった考え方、事実があれば、少々文が下手でも採用される、ということです。問題は内容です。

　文が上手というのは、内容のある文章が書ける、ということです。

　これは、技術が採用されるか否かは、新規性、進歩性があるか、ないかによって決まるのと同じです。

― 発明・アイデア成功十訓 ―

一．発明は慾から入って慾から、はなれたころ、成功する

二．悪い案も出ない人に、良い案は生まれない。
　　まず、悪い案でも良いから沢山出せ

三．一つ考えた人は、考えなかった人より一つ頭が良くなる

四．頭、手、足を使っても、お金は使うな

五．発明のテーマ「題目」は、自分で実験できるものの中から選べ

六．くそっと思ったら、金の卵がある

七．半歩前進、ちょっとひねれ、それが成功のもと

八．他人の発明に感動する心を養え、次に「私ならこうする」と考えよ

九．出願文章は自分で書け、それが次の発明をひき出す

十．発明の売り込みは、発明したエネルギーの二倍使え

はじめまして、中本 繁実です
〈本書で教えたいことです〉

● **文章が上手い人の方が、技術の開発も優れている**

　現代は、情報処理時代（ハードウエア）から、情報創造時代（ソフトウエア）に、かわっています。

　つまり、思考力、創造力が必要な時代になりました。

　だから、１人の天才をつくるのではなく、たくさんの思考力、創造力をもつ人を養成することが必要なのです。

　それで、学校でも、学会でも、社会でも、企業でも、人を養成しようとしています。

　思考力、創造力を考える場合、文章を書くことが重要な意味をもっています。思考行動の能率化に必要な技術です。

　思考された結果は、社会に提供することが必要です。その手段が文章に書くことです。

　創造とは、ある目的を達するため、部分的な働きをするものを集め、それを組み合わせて目的を達することです。

　文章を書くのも、それと同じです。つまり、研究者、技術者がやっていることと、文を書くことは同じ脳の働きです。

　したがって、研究者、技術者が、筆をとって書きはじめると、文科系の人に負けない、いや、より上手な文が書けるのです。

　それは、研究者、技術者が、真剣に、文章の書き方を練習すれば、文科系の人に負けない、いいものができる、ということです。

　しかも、研究者、技術者の中で、文章が上手い人はたくさんいます。また、文章が上手い人の方が、技術の開発も優れています。

● **研究者、技術者で、一番大事な文章は、特許庁に出願する文章**

　研究者、技術者、工場の現場で働いている人の文章で一番大事なのは、レポートでも、論文でもありません。

　じつは、特許庁に出願する文章です。

この文章が書けるか、書けないかが、その研究者、技術者が、将来、出世するか、否か、お金持ちになれるかどうか、人生を生きがいのあるものにできるか、下積みに終わるか、……、その分かれ目になるのです。

　松下電器の松下 幸之助氏、ブリジストンタイヤの石橋 正二郎氏も、小さな発明をして、特許庁（〒100-8915　東京都千代田区霞が関3-4-3　特許庁長官 殿）に出願する文章を書いて、出願をしています。それがヒットしました。そのくりかえしが、今日の成功を築いたのです。

　紙にとりもちをぬって、ハエをくっつける、ハエ取り紙からヒントを得て、ゴキブリホイホイを開発し、それを自分でまとめて、特許庁に出願をしたからこそ、大野 源治氏は、その特許の実施料（ロイヤリティ）を1年目で、5千万円も、もらえたのです。

　また、日本の源平碁からヒント得てオセロを考えた長谷川 五郎氏は、書類にまとめて特許庁に出願しました。だから、3年で約1億5千万円の特許の実施料（ロイヤリティ）をもらったのです。

　最初はみんな、貧乏で、下積み時代があったのです。現場で働きながら、小さな製品を生み出し、その出願の文章を自分で書いて特許庁に出願したのです。それが当たって成功者になったのです。

はじめに

　研究者、技術者のみなさん、日頃、文章が苦手で、損をしている、と思っていませんか。

　職場の担当者に、改善・提案の提案書を提出しました。ところが、結果は、ボツでした。

　名企画を書類にまとめて、職場の上司に報告しました。ところが、不採用でした。

　技術の小論文を書きました。ところが、反響、ありませんでした。

　特許庁に特許願を出願しました。出願審査請求書も提出しました。ところが、拒絶になりました。

　売り込み「プレゼン」の手紙を第一志望の会社に送りました。ところが、返事はきませんでした。

　……、なぜでしょうか。意外に多いのが、その名案の内容が、相手に伝わっていない、ということです。あるいは、説得力のある文章になっていなかったのです。つまり、○○の作品の内容を説明した文章が、わかりにくいのです。

　では、研究者、技術者が書いた文章は、先天的に文章が読みにくいのでしょうか。

　それを知り合いの心理学者に聞いてみました。すると、研究者、技術者が書いた文章は、文科系の出身者よりも、文章を書くのは、上手いはずですよ、といわれました。

　その理由は、新技術を開発する脳のはたらきと、文章にまとめる脳のメカニズムは同じです。だから、上手いのです。

　ところが、多くの場合、人を理科系と文科系に分けます。あなたは、理科系です。だから、文章、関係ない、といってしまうのです。すると、研究者、技術者の人は、いつのまにか、文章ぎらいになってしまうのです。

　研究者、技術者が、文章づくりに、関心を示すと、その面白さにとりつかれて、たちまち上達します。

　だから、研究者、技術者は、まず、本書にあるくらいの文章の知識をも

つことです。

　すると、あとは興味につられて、ぐんぐん上達します。

　たとえば、会社でも、病院でも、組織は、みんな文章を中心にして動いています。したがって、文章も書ける人は、認めてもらえます。

　研究者、技術者で、社長、重役になる人が多くなりました。そういう人はみんな文章が上手です。

　また、工場の現場で働いている人でも、改善・提案制度がさかんです。

　その改善・提案の文章が上手だと、すぐ、上司の目にとまって、エリートコースにのれます。

　それにもまして、研究者、技術者にとって大事なことは、特許庁に出願する文章が書けるかどうか、という問題です。

　その文章を書ける人は、将来、お金持ちになれます。なぜなら、工場の現場で見つけた小さな作品、暮らしの中で見つけた製品を、14,000円（特許印紙代）だけで、特許庁（〒100-8915 東京都千代田区霞が関3-4-3 特許庁長官 殿）に出願できるからです。

　オセロゲーム（白黒の石）の製品で、3年半で、約1億5千万円をもらったサラリーマンの長谷川 五郎さん。ゴキブリホイホイを考えた大野源治さんは、退職後、やはり、億のついた特許の実施料（ロイヤリティ）をもらいました。それは、特許庁に出願してあったからです。

　もし、特許庁に出願する書類の文章が書けなくて、プロに頼むと30万円くらいかかります。……、といわれす。すると、チョッと手が出ません。

　これで、もう福の神は逃げてしまいます。

　そうなると、特許庁に出願する文章は、ますます重要になります。

　また、町の発明家にとって、○○の作品の権利の売り込みの文章も、きわめて大切です。

　上手く書けないと、いくら素晴らしい製品でも売れません。このように、技術分野の文章は、これから、ますます需要度が大になります。

　そこで、発明指導者の私が勇を鼓して（ゆうをこして）、いままで教えてきたことをまとめて、研究者、技術者、理科系の学生のために、この本を書きました。

とくに、理科系の学生さんに、読んでほしいなあー、と思っています。

いきなりですが、あなた、希望の会社に就職できそうですか。事業内容、調べたでしょう。そこで、将来、その会社の利益につながりそうなテーマを選び研究するのです。会社の担当者は喜びますよ。すると、就活もスムーズにできます。

勇を鼓して（ゆうをこして）は、勇気を奮い起こして、何かに立ち向かうこと、……、という意味です。

したがって、この本は、体験的ではありますが、完全なものではありません。また、たくさんの本を参考にさせていただきました。

そして、工場の現場で働いている人、事務系の人にもわかってもらえるように、とつとめました。

特許庁に出願する文章なら、自信のある筆者も、文章全体になるとやや冷や汗の感があります。

読者の批判を求めつつ、最良の手引き書にしたいと思います。

平成 30 年 11 月 21 日

中本 繁実

もくじ

はじめに ……………………………………………………………………… 5

第1章　誰でも書ける
　　　　文章を書くための基本は、これだけ ……………………… 11
1．どういう文章が、名文か ……………………………………… 12
2．どうすれば、早く上達できるか ……………………………… 14
3．原稿用紙の大切さと、その決まり …………………………… 16
4．原稿用紙の書き方のルール …………………………………… 17
5．親しみのある紙面の作り方 …………………………………… 18
6．難語句、難記号は使わない …………………………………… 23
7．誤字、当て字は使わない ……………………………………… 26
8．読み返し、書きなおそう ……………………………………… 27
9．技術説明文の共通の型 ………………………………………… 28
10．一般的な論文を書くときのポイント ………………………… 29
11．小さなことでも、独創性があれば技術論文になる ………… 30
12．論文を書くと、どんなメリットがあるのか ………………… 31
13．技術論文は、まず、特許庁へ ………………………………… 32

第2章　誰でも書ける「特許」出願文章の
　　　　まとめ方・書き方【形式編】 ………………………… 35
1．3時間で書ける手紙「特許願」の書き方 …………………… 36
2．「特許願」を出願するのに必要な書類 ……………………… 41
3．「願書」の書き方 ……………………………………………… 44
4．「明細書」の形式 ……………………………………………… 48
5．「特許請求の範囲」の形式 …………………………………… 59
6．「要約書」の形式 ……………………………………………… 62
7．「図面」の形式 ………………………………………………… 64

もくじ

8.「特許願」の提出先・書類のとじ方 ……………………… 66

第3章　誰でも書ける「特許」出願文章の
まとめ方・書き方【書き方編】 ……………… 67

1.「特許願」に必要な書類は5つ ……………………………… 68
2. 手本になる手紙「特許願」の書き方 ……………………… 69
3. 関連の情報を集めよう ……………………………………… 74
4.「特許願」の「願書」の形式と書き方 …………………… 79
5.「明細書」の形式と書き方 ………………………………… 85
6.「特許請求の範囲」の形式と書き方 ……………………… 105
7.「要約書」の形式と書き方 ………………………………… 108
8.「図面」の形式と描き方 …………………………………… 111
9. 消しゴムを付けた鉛筆「特許願」………………………… 116
10.「小さな孔を開けた盃」の「特許願」…………………… 121
11.「特許願」の書類の書き方のチェックリスト …………… 127
12.「特許願」の提出先・書類のとじ方 ……………………… 130

第4章　誰でも書ける「特許」出願文章の
まとめ方・書き方【練習編】 …………………… 133

1.「特許願」の書類、実際に書いてみよう
   練習問題（1）・「角柱と円柱を組み合わせた一対の拍子木」……… 134
2.「特許願」の書類、実際に書いてみよう
   練習問題（2）・「ハートの形のバケツ」……………………… 145
3. 売り込みの手紙のまとめ方・見本 ……………………… 155
4. すぐに使える「契約書」のまとめ方 …………………… 160
   「契約書」のまとめ方・見本 ……………………………… 161

第5章　知的財産権
「産業財産権＋著作権」の豆知識 ……………… 163

1. あなたの○○の作品を財産「お金」にする「知的財産権」………164

9

２．権利が取れるのか、判断力を身につけよう ……………………… 174

３．特許の出願から登録まで …………………………………………… 180

４．新製品を開発するプロセス ………………………………………… 188

５．企業の新製品の開発のプロセス …………………………………… 191

６．町の発明家と企業の創作活動の違い ……………………………… 194

あとがきにかえて ………………………………………………………… 197

第 1 章

誰でも書ける
文章を書くための基本は、これだけ

【豆知識】

■ いつも、良く「見ている（!?）」ハズなのに、

　……、私たちは、大切なものを良く見ていない

　これから、硬貨（500 円、100 円、50 円、10 円、5 円、1 円）を使って、実験（テスト）をします。財布の中から、好きな硬貨を一つ選んでください。

　その硬貨を見ないで、硬貨の大きさ（直径）の円を 2 つ描いてください。

　円の中に、表裏の模様（デザイン）を描いてください。

　……、硬貨の大きさ、表裏の模様（デザイン）、描けましたか。

　いつも、良く、見ている（!?）　ハズなのに、……、残念ですが、描けないでしょう。描けなくても、大丈夫です。

　硬貨は、円だけに、○ マルと、いってくれます。

1．どういう文章が、名文か

　私たちは、読みやすい文章を書こうとします。

　では、どういう文章を名文というのでしょうか。それがわかっていない
と、名文は書けないでしょう。

　以前は、漢文の入った美文が名文だ、といわていました。ところが、い
まは違います。

　多くの先輩の文士（ぶんしとは、文筆を職業とする人です）は、名文
か、悪文かは、曰（いわ）く言い難し（何とも言いようがない）で、読者
が自分の感覚で、感じわけるより別に方法はありません。

　しいていえば、

（イ）長く記憶にとどまるような、深い印象を与えるもの、

（ロ）何度も、繰り返し読めば読むほど滋味（じみ）のでるもの、

　といえるでしょう。

　文章の味は、芸の味、食べ物の味と同じです。それを鑑賞するのに、学
問、理論は不要です。……、といっています。

　そして、ある文士が名文の例として、夏目漱石の「吾輩は猫である
（1905 年）」をあげています。

　少し読みづらいと思いますが、原文を紹介しましょう。

　吾輩は猫である。名前はまだ無い。

　どこで生まれたか頓と見当がつかぬ。何でも薄暗いじめじめした所で
ニャーニャー泣いてゐた事だけは記憶している。吾輩はここで始めて人間
といふものを見た。然も後で聞くとそれは書生といふ人間中で一番獰悪な
種族であったそうだ。

　これを、現代風に、当用漢字、現代かなづかいで書くと、次のようにな
ります。

第1章　誰でも書ける文章を書くための基本は、これだけ

　わが輩（はい）は猫である。名前はまだない。
　どこで生まれたかとんと見当がつかぬ。なんでも薄暗いじめじめした所でニャーニャー泣いてゐたことだけは記憶している。わが輩はここではじめて人間といふものを見た。しかもあとで聞くと、それは書生といふ人間中で一番獰悪（どうあく）な種族であつたそうだ。

　なるほど、文が短くて、良くわかり、すぐ頭に入ります。そして、記憶に残ります。また、何回読んでも味があります。これを、何回も写文して、作文が上手になった、という人もいます。
　また、ある人は、名文について、

| □（イ）誰でも言える言葉で、 |
| □（ロ）誰でも言えないことがらを、 |
| □（ハ）誰でも納得がいくように書くこと、 |

　が大切です。それができたものを、名文だといっています。
　なるほど、と思います。ところが、それがなかなか難しいのです。
　前文など、まさに誰でも言える言葉で、誰でも気づないことを、誰でも納得がいくように、書いています。
　良く、文章読本などで、良い文章の例に、次のような言葉を引用しています。それは、

| □（イ）短く、書く |
| 　人は良く理解してくれます。
　現代人は、みんな忙しいです。だから、長文は、悪文のはじまりとか、長文病は命とり、とかいわれています。 |
| □（ロ）ハッキリ、書く |
| 　すると、人は良く理解してくれます。
　一度読んで、わかりません、二度、三度、読んで、はじめてわかります。
　このような文章は、名文ではありません。内容がハッキリしていないからです。 |
| □（ハ）絵に描いたように書く |
| 　すると、読者は、頭の中にそれを描いたようにおさめることができます。 |

13

……、といっています。
　名文の第一の条件は、相手に良くわかってもらえる、ということです。

2．どうすれば、早く上達できるか

「十読は一写にしかず」とは、10回読むより、1回写生をしなさい、ということです。

　以前から、文章の上達法は、一つしかありません。それは、書いて、書いて、書きまくることです。……、といわれています。

　そこで、研究者、技術者は、技術文だけにとらわれず、普通の文章で、感動したら、自分が感じたままを、原稿用紙の上に書き写すことです。文章だけは、寺子屋式の教え方が一番いいと、多くの作家もいっています。

　寺子屋式は、読み・書き・そろばんに重点を置いた学習法です。

　講釈をせずに、くり返し、くり返し、音読させます。暗誦（あんしょう）させます。そのとき、意味がわからなくても、くり返すことで、文に対する感覚が磨かれ、上手な文章が書けるようになるわけです。

　ところで、音読にもまして大切なのは、600字から1,000字くらいの名文を筆写することです。原稿用紙のマスを一字ずつ埋めていくことです。「百聞は一見にしかず」という名言がありますが、文章の方面では、「十読は一写にしかず」という格言があります。

「百聞は一見にしかず」は、人から何度も聞くより、一度実際に自分の目で見る方が確かであり、良くわかる、という意味です。さあー、研究者、技術者、発明家のあなたも写文をしてみましょう。

　原稿用紙については、あとで説明しますが、ここでは、とりあえず、次の2点を覚えてください。

　（イ）書き出し、行をかえるときは、一字分アケて書きます。
　（ロ）テン、マル。カッコ「　」などは、一マスを使って書きます。

第1章　誰でも書ける文章を書くための基本は、これだけ

　それだけのルールで、まず、前述の夏目漱石の「吾輩は猫である」を当用漢字、現代かなづかいで原稿用紙に書いてみてください。

　すると、文章とは、どういうふうに書くのかがわかります。

　これで、なるほど、と、テン、マルのうちかた、一句の長さ、漢字を少なく書く、などが理解できます。

　また、自分の思ったことを、思ったとおりに書きなさい、ということも、わかったと思います。

　名文は、原稿用紙の上に書くと、全体として見たとき、どういう感じになるか、それがわかります。

　研究者、技術者の人は、技術の文章だけの学習では、良い文章は書けません。だから、まず、普通の文章から入っていただきたいです。

　したがって、まず、「吾輩は猫である」の書写をすすめるわけです。

　また、研究者、技術者、発明家の中には、漢字をたくさん使うのが程度の高い文章で、小学生のように、漢字の少ないのは、文章として、下等（かとう）です。……、などと、心のそこで思っている人もいます。

　下等とは、物の品質、程度、品性が劣っていることです。

　しかし、これは、とんでもないまちがいです。

　研究者、技術者は、まず、こうした技術以外の文を、先に習うのが、早く、技術論文、レポート、または、特許庁に出願する文章でも、上手く書けるもとになります。

　そして、それを続ければ、科学の本が書けるようになります。

　いますぐ、原稿用紙を前にして、毎日の新聞のコラムなど、短文を読み、それを写してみましょう。

　毎日、600 〜 1000 字の文を読み書き写すといいでしょう。

　これで、10 日も写文をすると、みちがえるように上手くなります。

3．原稿用紙の大切さと、その決まり

　文章を書く練習をするときは、原稿用紙に書くのがいいでしょう。

　原稿用紙には、200字詰（20字詰×10行）のものと、400字詰（20字詰×20行）のものがあります。

　はじめは、B5サイズの400字詰の方がいいでしょう。

　B5サイズの原稿用紙は、マス目が小さくて書きやすく、視野が広く、バランスが取れて、見やすい、という長所があります。

　筆者は、30歳のころは、経済的な理由で、コクヨの400字詰の原稿用紙ばかりを使っていました。

　ところが、だんだん上手くなって、出版社から原稿を頼まれるようになります。すると、原稿用紙も送ってくれます。

　15字詰×10行とか、17字詰×10行と、いったように、雑誌の形態によって、かわった原稿用紙が送られてきました。

　そうすると、こちらは、400字詰ばかり使っています。だから、先方から、同封の原稿用紙、○○枚でお願いします。……、などと指定されてくると、書きながら枚数が上手く計算できなくて、困ることがありました。

　そこで、どこから頼まれても、それを、400字詰に計算して、下書きのときは、400字詰の原稿用紙に書いて、清書するとき、手間はかかりましたが、指定された原稿用紙に書くようにしていました。

　でも、文章を書く練習は、できるだけ、B5サイズの400字詰の原稿用紙に書くのが、書きやすくて、経済的です。

　では、なぜ、大学ノートで練習しないのですか、一番経済的じゃないですか、……、という疑問も起こりますが、それでは、第一、文章の書き方の修業だ、という気分がおこらないでしょう。

　そのうえ、字数がわからないでしょう。全体を○○○字で、まとめることが大切なのです。

　もう一つ、原稿用紙に書いて、一マスの空白を作ったり、一字分あけて書いたりして、それを眺めると、印刷したとき、どのような印象を読者に

あたえるか、ということがわかります。

　原稿用紙に書いたものを眺めると、絵を眺めるように、上手く書けたかどうか、一目で感じとれるようになります。

　つまり、一マス一マスを、どのように埋めていくといいか、ということの練習ができるからです。

　したがって、練習するときは、原稿用紙に書かないと、文章は上手くならない、といってもいいでしょう。

4．原稿用紙の書き方のルール

　原稿用紙の書き方、簡単なルールがあります。

　説明します。ご一読ください。

（1）書きはじめは一マスあけて書く

　書きはじめは、一マスあけて書きます。

　行を変える場合も、一マスあけて書きます。

　つまり、書き出し、改行は、一字あけるのは、原稿を書くときの基本です。もし、一字あけなかったら、その原稿を一見したとき、読みにくくなります。

　それを活字にしたら、もっと読みにくくなります。

（2）符号は、一マスを使って書く

　符号は、テン 、マル 。感嘆符 ！カギ「　」カッコ（　）などがあります。その符号は、すべて、一マスを使って書きます。

　したがって、テン、マル、カッコを使うと、文章にゆとりができます。

　読みやすくなります。しかも、感じも良くなります。

　しかし、テン、マルが、次の行の一番前にくるようなときは、一マスは

取らないでください。文章の最後のマスの右側に、はみ出して書いてください。

そうです。行の最初に、テン、マルは書かないのです。

また、……、とか、――、のような符号は、普通、二マス使うことになっています。

初歩の人は、…………、4マスも、5マスも使う人がいますが、これは、いけません。かえって見にくくなります。

書体は、楷書がいいです。楷書は、漢字の書体の一つで、一点一画を正確に書き、方正な形にまとめる書体です。

なお、漢字は、常用漢字を使います。常用漢字（じょうようかんじ）は、日常生活において、現代日本語を書きあらわす場合に使う目安として、日本政府より選定された漢字です。

算用数字、1、2、3、4、……、と漢数字、一、二、三、四、……、を使います。数量にあまり関係のないときは、漢数字、一、二、三、四、……、を使うことになっています。

たとえば、「三々五々」などというときの数字は漢数字です。

三々五々（さんさんごご）の意味は、少数の人たちが固まって行き来する様子です。

ただ、横書きのときは、算用数字、ローマ字は、一マスに二字入れることになっています。また、繰り返し符号「々」は、たとえば、「早々」のように、一つしか使えません。

以上が原稿用紙を使うときの一般的なルールです。

5．親しみのある紙面の作り方

原稿用紙でも、本でも、ページをめくったとき、パーッと目に飛び込んでくるときの感じ、これは非常に大切です。

第1章　誰でも書ける文章を書くための基本は、これだけ

　マス目いっぱいに字がギッシリつまっていると、なんとなく、入り込む余地がないような気がします。
　そのうえ、半分以上も漢字があったら、ますます威圧感がおきて、読もう、という気がおきません。
　たとえば、懸賞募集の論文、小説でも、まず、第一に、この漢字があると最初から減点です。
　発明学会（会員組織）では、アイデアコンクールを年中開催しています。
　技術的な作品でも、やはり、説明文の紙面が親しみやすく見えるのと、漢字がいっぱいで、紙面がギッシリ詰まっているのとでは、予選のとき、大きなハンディキャップがつきます。
　入選して、賞を受賞した人の文章を見ると、説明も丁寧（ていねい）で、見やすく、読みやすいです。
　そのために、大切なことは、テン、マルなどの符号を上手く使って、余白のマス目をたくさん作ることです。
　なるべく、改行をして、見やすくすることです。
　漢字を少なくして、紙面をやわらかくすることです。

● テン、マルの使い方

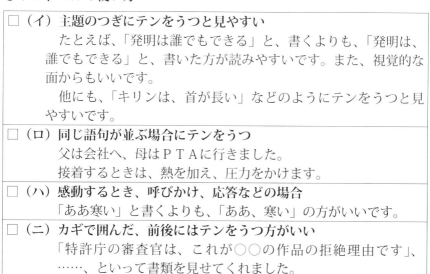

□（イ）主題のつぎにテンをうつと見やすい
たとえば、「発明は誰でもできる」と、書くよりも、「発明は、誰でもできる」と、書いた方が読みやすいです。また、視覚的な面からもいいです。 　　他にも、「キリンは、首が長い」などのようにテンをうつと見やすいです。
□（ロ）同じ語句が並ぶ場合にテンをうつ
父は会社へ、母はＰＴＡに行きました。 　　接着するときは、熱を加え、圧力をかけます。
□（ハ）感動するとき、呼びかけ、応答などの場合
「ああ寒い」と書くよりも、「ああ、寒い」の方がいいです。
□（ニ）カギで囲んだ、前後にはテンをうつ方がいい
「特許庁の審査官は、これが○○の作品の拒絶理由です」、……、といって書類を見せてくれました。

□ （ホ）読み誤りやすいところには必ずテンをうつ
　　「あするすばんにきて」と書くと、意味が二つに分かれます。
　　「あす留守、晩に来て」と、いうのか、あるいは、「あす、留守
　番に来て」というのか、「あするすばんにきて」の文だけではわ
　かりません。

　そういう場合は、正しい意味が伝わるように、適切な場所にテンをうつ
ことが大切です。
　このようなことは、文章の中で、多いものです。
　たとえば、「大急ぎで逃げる男の後を追いかけた」と、書くと、これ
も、意味が二通りにとれます。
「大急ぎで逃げる男の、後を追いかけた」のか、「大急ぎで、逃げる男の
後を追いかっけた」のか、こういう場合には、テンのうちかたが、決め手
になります。
　一般的には、思想の最少単位を示すところに、テンをうつ、というのが
定石になっています。
　もう一つの読み誤りは、最近、あまり、漢字を使わくなりました。それ
は、ひらがなばかりが続く文章が多くなったことが原因です。
　たとえば、「べんけいがなぎなたでさしころす」式の文が多いわけです。
　紙面からくる感じは、たしかにやわらかくなっています。ところが、読
みはじめると、なかなか意味が通じません。
　そういうときは、テンをうつのがいいと思います。
「べんけいが、なぎなたで、さしころす」のように、テンをうって、わか
るようにすることです。
　また、事物を列挙するときに、ナカテン「・」を使うことがあります。
　たとえば、「亀の子たわしの西尾西左衛門・地下足袋の石橋正二郎・二
股ソケットの松下幸之助を日本の３大発明家といっています」と、いうよ
うに使います。

● カギ「　」、カッコ（　）の使い方
　公文書、特許庁に出願する文章にも、これを使わなければならない場合

20

が出てきます。

　たとえば、……、改善・提案の作品は「ＱＣサークル」全体のものとして提出してください。

　このように、カギ「　」を上手く使うと、わかりやすく、紙面の感じも良くなります。

　特許庁に出願する文章などでは、カッコ（　）の中に、ある定義を入れて使うことが多いです。

　そうすると、文を短く書けるからです。

　たとえば、一方のテープが多数のカギ状になり、他方のテープは多数の輪状になった一組のテープ（以下、これをマジックテープと称す）を、オムツカバーにつけると、……、と、いったことです。

　このようなことが、良くおこります。

　とくに、発明などは、内容が新しいことです。言葉がない場合があります。だから、このように使う必要がたびたび出てきます。

● なか線の効果的な使い方

「小発明をする場合、大事なことの一つは、創造力ではないでしょうか、……。」

　このように、二マスを使うと注意を喚起できます。このほかにもたくさん符号がありますが、校正のプロでないので、読者のみなさんには必要ないでしょう。だから、省略させてください。

● こういう漢字は使わない

　紙面を、親しみやすく見せるためには、漢字を少なくすることです。漢字が多すぎると、かたい感じをうけます。また、漢字が多いと、ページをめくったとき嫌気がします。

　普通は、前文の 15 ～ 20％くらいの漢字を使うといい、といわれています。技術の文章などは、もっと少ない方がやさしさを読者に与えられます。

　当用漢字外の漢字は、なるべく使わないようにしましょう。小説家など

の中には、漢語句をよけい使わないと、思いどおりの表現ができない、という人もいます。ところが、一般の読者の側から考えると、少ない方がいいといいます。

たとえば、次のような漢字は、かなで書くと、全体として、漢字の割合がずっと少なくなって、紙面がやわらかくなります。

文科省でも、そのように決めています。

● 代名詞

貴方（あなた）、俺（おれ）、彼（かれ）、君（きみ）、私（わたくし）、此処（ここ）、之（これ）、等々（などなど）

● 副詞

敢えて（あえて）、明らか（あきらか）、恰も（あたかも）、如何に（いかに）、何れ（いずれ）、一層（いっそう）、恐らく（おそらく）、主に（おもに）、必ず（かならず）、殊に（ことに）、早速（さっそく）、更に（さらに）、既に（すでに）、凡て（すべて）、折角（せっかく）、是非（ぜひ）、大抵（たいてい）、度々（たびたび）、丁度（ちょうど）、遂に（ついに）、次々（つぎつぎ）、兎に角（とにかく）、何故（なぜ）、成程（なるほど）、甚だ（はなはだ）、殆ど（ほとんど）、益々（ますます）、皆（みな）、最も（もっとも）、専ら（もっぱら）

● 助動詞

如き（ごとき）、相です（そうです）、様だ（ようだ）

● 接尾語

一つ宛（ひとつずつ）、思い乍ら（おもいながら）　○○等（○○など）、それ等は（それらは）

● あて字

浅ましい（あさましい）、五月蠅（うるさい）、奥床しい（おくゆかし

い）、地団駄（ぢだんだ）、図太い（ずぶとい）、呑気（のんき）、目出度い（めでたい）、矢張り（やはり）、無茶（むたちゃ）

　上記のような漢字は、なるべく、ひらがなで書くように決めています。

　また、外国語、人名、外来語、動植物名は、カナで書きます。

　しかし、字画の少ない、私とか、必ずとかの漢字などは、カナばかり並んで、その間に漢字が入ることでかえって読みやすくなる場合は、慣用語として使ってもいいことになっています。

　要は、漢字をなるべく少なくして、しかも読みやすくすればいいのです。

６．難語句、難記号は使わない

　多くの人に読んでもらうためには、難語句、画数の多い漢字は、なるべく使わないことです。

　本を開いたとたんに、紙面が黒い感じがするのは、画数の多い漢字が多いからです。こういう本は、誰も、手にしようとしません。

　紙面が白い、つまり漢字が少ないことは、読者にやさしさとゆとりを与えます。

　ところが、小説家、文芸家、思想家、学者の中には、漢字は多い方がいい、当用漢字なんて、とんでもない、と主張する人もいます。

□（イ）第一、繊細で微妙な心理、論理が表現できない。
□（ロ）書きことばに必要な語感がでない。
□（ハ）古典との断絶がおこる。

　などといって、漢字、難語句に執着しています。一字一句、ゆるがせずに、表現に創造性を重んずる学者、著述家としては、もっともな意見です。しかし、その美点そのものが、じつは複雑な字画になり、難しい意味をたくさん含み、解釈の仕方を幾通りもするといいます。それで、間違いを起こさせているのです。

とくに、技術者、研究者を相手に感動させるのは、こうしたことがらではなく、その技術、そのものの独創性によらなければならないのです。

ところが、不思議なことに、理科系と文科系を分けて考えると、研究者、技術者ほど、漢字を多く使う、という傾向があります。

それは、自分の技術の低さを、難しそうな文章でカバーしようとする潜在意識があるからだ、と主張する人もいます。

たとえば、定年を過ぎた先輩の中には、次のような語句を使う人がいます。

ところが、若い人は、こういう字を知らないし、常用漢字の中にあったとしても字面が黒くなるから、使わない方がいいでしょう。

懇願する（お願いする）、所存（考え）、橋架（橋）、把握する（つかむ）、支持する（支える）、塵埃（ほこり）、喪失する（失う）、経緯（いきさつ）、隠蔽（かくす）、抹消（消す）、牴触（ふれる）、樹立（たてる）、危惧する（おそれる）、充填（つめる）、換言すれば（いいかえれば）、可及的（なるべく）、味曾有（空前の）、等閑にする（なおざりにする）、看過する（みのがす）

このように、文語的な、漢語的な語句は、定年を過ぎた先輩は、たくさん知っているでしょう。だけど、なるべく使わない方がいいです。それを知っている人は、カッコ内の口語的な言葉を良く知っているでしょう。その方がわかりやすいので、その言葉を使うのがいいです。

知らない人は、字引をひいてまで、使う必要はありません。いや、使ってはいけません。

技術文であっても、やはり話す様に書いてください。話し言葉を使うことです。

文語体は、書き言葉で、口語体は、話し言葉です。

漢語は、は古い言い方とか、昔使われていた言葉です。

技術的な文章では、量の単位を記号であらわします。数字と一緒に文中

に書きます。

面積の平方米は、㎡。したがって、20平方米は、20㎡と書きます。

体積の立方米は、㎥。したがって、5立方米は、5㎥と書きます。

速度の毎時5キロのときは、5km／hと書きます。

単位記号の斜線は、毎（マイ）と読みます。

圧力は、3kg／㎠のように書きます。これは、1平方セントに3キログラムの圧力という意味です。

熱量は、カロリーです。たとえば、5キロカロリーの場合は、5Kcalと書きます。

これらは、日本工業規格に定められています。しかし、学術雑誌以外の報告の場合以外は、なるべく使わない方がいいでしょう。

なぜなら、一般は、やはり、1平方メートルと書く方が良くわかります。

また、1平方セントに5キログラムの圧力だ、と書く方が良くわかるでしょう。

とくに、会社などは、重役になる人は、たいてい技術用語に弱いから、上司を説得するには、良くわかる文がいいです。

ところが、研究者、技術者は、その記号を使わないと体面にかかわるような気がして、ムリに学術用語辞典をひいて使う人がいますが、それこそ墓穴をほるようなものです。

略式、数式も同じです。

角はa、oなどであらわし、長さはl、幅はw、面積はA、回転数はn、力はF、などとあらわします。

これも、日本工業規格で定められています。

しかし、これも、必要以外は、なるべく使わない方がいいでしょう。

また、＋（加える）、－（引く）、±（加える、または、引く）、≒（ほとんど等しい）、∞（無限大）なども統一的に日本工業規格に定めています。だけど、必要以外は、普通語で表現するのがいいでしょう。

このような、工業上、または、技術上の専門用語、すなわち、術後、特

定用語は、文科省の学術用語、および、日本工業規格に制定されている用語を使うのがいいでしょう。

くどいようですが、なるべく、一般用語で、表現できるものは、これを使う方がわかりやすいでしょう。

７．誤字、当て字は使わない

若い人は、漢字を知らない、と良くいわれています。テレビを見る、パソコンを使う、携帯電話・スマートフォンで話す、……。日常生活の中で字を書くことの必要度が少なくなったからです。

読み、書き、ソロバンの教育から、見る、聞くの教育にかわりました。だから、字を知らなくなるのは無理もありません。しかし、入学試験などで、良く解答に当て字がたくさん出てくるそうです。その人にとっては、入学か否かを決定する大事なことです。

それと同じように、文章を書く人が、新聞を親聞と書いたり、関心がある、を感心がある、と書いたり、代表を大表と書いたりしたら、その人の品位をうたがいたくなります。

そこで、どうしても、国語審議会で決められた当用漢字とか、現代かなずかいなどは、知っておく必要があります。

そして、少しでも心配であれば、漢字を使わず、かなを使う方がいいでしょう。当て字を書くよりは、ずっといいです。

ただ、ここで、とくに、おすすめしたいのは、文章を書く人は、机上に、中形の辞典を一冊は置いておくことです。不安なときは、辞典を見ればいいからです。

また、それらの辞典のうしろには、当用漢字と現代かなづかいと、送りがなの表がついています。

辞典を使いかえると、それがないと心淋しい気がします。

小説家などの中には、辞典を一枚一枚読んでいる人もいます。すると、結構面白く、知らない言葉をおぼえる、といいます。

著者が言葉遊び（ダジャレ）が好きになったのは、辞書のおかげです。

それほどにしなくても、小さな辞典は、必ず座右に置くことが必要です。

8．読み返し、書きなおそう

どんな文章でも、原稿用紙に書いたら、必ず推敲（すいこう）することが大切だ、といいます。

推敲という言葉のおこりは、良く語られる中国の話しですが、そんな、いわれは、もはや必要ではないでしょう。

もう、当用漢字の中には敲の字は姿を消しています。

推敲というのは、文章をさらに練ることです。読み返すことです。最後の磨きをかけることです。つまり、製品だったら、仕上げをすることです。

□ （イ）書こうと思っていることが、書けているか。
□ （ロ）よけいなことを書いていないか。
□ （ハ）間違ったところはないか。
□ （ニ）テン、マルのうちかたは、間違っていないか。
□ （ホ）言い回しは、もっと上手にできないか。
□ （ヘ）もっと、簡単に書けるところはないか。

そうしたことを注意して、読み返していくことです。

文学者は、誰でも、この推敲に力を入れるものです。

文豪の原稿用紙を見ると、行間に書きなおし、書きなおし、どこから、どう続いているのか、わからなくなるほど、書いたし、書き消しています。

こうして、3回、5回と書きなおしてこそ、いい文章ができるのです。また、そうしているうちに文章は上達します。

9．技術説明文の共通の型

　会社内で新製品を開発したとき、あるいは、改善・提案で、いい作品が出たとき、あるいは、製造過程で合理化案が生まれたとき、それを上司に報告したり、あるいは、知的財産課（法務課）へ連絡するときの文書は、やはり、わかりやすい文書であり、かつ、その作品のポイントをはっきり伝えることが必要です。

　そのためには、どういう形式で書けばいいか、それには、一つの型があります。

　それを覚えておくと、誰でも立派な名文の報告書が書けます。

　いま、それを紹介しましょう。

□（イ）その技術内容を一言で言えるような名称を、まず、つけます。
□（ロ）その作品のあらましを、2～3行でまとめます。 　　　　それを読めば、作品のアウトラインがわかるように書きます。
□（ハ）従来の技術は、このような欠点があった、とその欠点を説明しながら、その欠点をのぞくために考えたのだ、と研究の目的をあきらかにします。
□（ニ）作品の構成を、図面を見ながら、詳しく説明します。 　　　　ここは、まとめるとき、整理がしやすいように、個条書きにするとまとめやすいです。 　　　　複雑な機械だと、何十個条にもなるでしょう。それでも、大丈夫です。
□（ホ）その作品が、このように構成（しくみ）だから、その使い方は、このようにします。また、そのような構成だから、こそ、このような効果が生まれた、と書きます。 　　　　この効果を上手く書くことが一番大切です。
□（ヘ）この作品は、他の方面に、このように利用することもできます。 　　　　また、このような代用品を使うこともできる、と実施例も書きます。 　　　　さらに、作品の将来性を書きます。

　以上のような順序で書くと、見事な説明文ができます。

もちろん、いままで説明した文章の作成上の注意点を、良く活用してわかりやすい文にすることは、いうまでもありません。

10. 一般的な論文を書くときのポイント

論文を書くとき、大事なことがあります。

□（1）何を書くかです。この点を書きたい、という題名の選定が必要です。
　　　心のうちに、これが書きたいのだ、……、そういう心が、燃えるように起こっていると、あとは、すらすらと書けます。

□（2）どういうことを中心に書くのか、を考えることです。

□（3）それらの材料を集めて、個条書きにします。その個条書きは多い方がいいです。
　　　そして、それを取捨選択して、順番などを決めていきます。

□（4）それを組み立てて、文章化します。これには時間がかかります。

□（5）仕上げをします。つまり推敲する、という順番になります。

この五段階は、すべての作文に必要なことです。

ところが、もう一つ、以前から論文をつくるうえで順番に、起、承、転、結があります。

これは、中国から入ってきた漢詩の組立て方です。

□「起」は、書き出しです。

□「承」は、それを受けて、内容を掘り下げます。

□「転」は、一転してクライマックスにもっていきます。

□「結」は、結びです。

前述の五段階を四段階にしたわけです。

これについて、これを、三段階、つまり、序論、本論、結論にしたらいい、という人もいます。

11. 小さなことでも、独創性があれば技術論文になる

　理科系の学会、協会、研究所には、発表の場として機関紙（誌）があります。

　それには、みんな論文の形にしたがって発表しています。

　科学技術に関係するもののうち、学術論文、研究論文とかいうものは、自然科学、人文科学など、全科目に共通するものです。ところが、技術論文といえば、工業技術に関係する論文として限定されています。

　その技術論文について、多くの機関紙（誌）では、その執筆要綱が決められています。

　それは、大同小異ですが、だいたい次のように書いています。

　大同小異とは、だいたいは同じですが、細かい点に違いがあります、という意味です。

　基礎工学、機会工学の実際に応用する面に重点をおいて研究したもので、記述は、できるだけ解説的にします。しかも、大切なことは筆者の創造にかかる研究が主要部をしめていることが必要です。

　したがって、一番大切なことは、その論文に新規性がないといけませんよ、ということです。

　しかし、いままで、誰も知らなかったことでも、退歩的なことではいけません。従来の技術よりも、進歩性がないといけません。

　そうです。新規性と進歩性が大切です。

　以前から、良く、ボイラー、内燃機関、各種機械、電気、化学工業、等々、各専門分野にわたって、基礎工学の知識なしには、論文は書けない、と、いわれてきました。

　ところが、その専門というのを高度の学問と考えるのは、あまり好ましくありません。

　会社で、工場の現場で機械を使って、何かを生産していれば、その機械については専門家です。

　たとえ、それが、会社の工場の現場で働く人であっても同じです。その

機械について、論文は書けるはずです。

　仕事に関係なく、余技としてやっていても、それについて、知識が一般の人より多ければ、それも専門分野の知識があるといえます。

　余技（よぎ）とは、専門以外に身につけた技芸のことです。

　だから、専門とか、基礎工学とか、受験のときのように考えなくてもいいのです。

　日本人は、どうしても、論文といえば、博士論文を連想します。だから、難しく考える欠点があります。

　もっと、技術論文を大衆のものにしないと、技術の進歩はないでしょう。

12.　論文を書くと、どんなメリットがあるのか

　自分が研究した内容を論文に書いておくと、それを見た人が労せずして、最新の知識を得て、それを踏み台にして、次の新しい文化を築くので、科学技術の進歩、発展には非常に効果があります。

　もし、それが、どんなに小さな研究であっても、それを論文にしておかないと、人は誰も知ることができません。だから、同じことをはじめから研究することになります。

　これくらい能率の悪いことはありません。

　以前の秘密主義が、どれくらい文化を遅らせたか、計り知れないものです。そこで、特許法が活用できるのです。

　自分で研究したことは、論文にして特許庁に出願して、新規性、進歩性があれば、そのことについては、20年間、独占できる、という奨励策をとっているのです。

　次に論文の効果は、この問題については、自分が誰よりも先に研究した、という名誉がつきます。

　同じ研究を何人も、何十人もやっているかも知れません。たとえ、一番

先に研究していたとしても、それを論文にしておかないと、後から、研究した人が論文にして出すと、その人のものになってしまいます。

　論文になって、はじめて、最初の研究者といえるのです。

　したがって、研究者も、技術者も、一刻を争って論文に発表するわけです。

　また、論文を書く効果は、研究者、技術者の頭を整理させ、社会に対しては、技術の財産となり、後輩に教える、貴重な文章になるなど、極めて大きいものがあります。

　論文を一つ書くことによって、能力が向上し、研究の方法とか、検討の仕方とか、結論のみちびき方など、実生活に大切な物の見方、考え方が上手になります。

13. 技術論文は、まず、特許庁へ

　研究者、技術者は、みんな学術会議に発表したり、技術雑誌に急いで発表したい、と思っています。

　しかし、それらに発表するには、相当、まとまった研究が必要です。ちょっとした、研究では載せてくれません。順番がやってきません。また、印刷費などの経費もかかります。しかも、枚数にも制限があります。

　そうした難関を克服して発表すると、一番乗りの名誉は受けます。

　ところが、それは公知になってしまいます。

　公知（こうち）とは、不特定多数の人に知られている状態をいいます。

　そこで、ぜひ、お勧めしたいのが自分の技術論文を、まず、特許庁に出願することです。

　そのあとで、学術会議、雑誌に発表することです。

　特許庁に出願すると、次のようなメリットがあります。

第 1 章　誰でも書ける文章を書くための基本は、これだけ

□（イ）誰でも、いつでも、また、どんな小さな研究でも、すぐ出願することができます。
□（ロ）一番乗りの名誉が与えられ、その書類は永久に特許庁に残ります。
□（ハ）自分で、書類を書くと、1,4000 円で出願できます。お金もかかりません。
□（ニ）特許庁の審査官が、その論文を見て、新規性、進歩性があって、先願がなければ、20 年間の権利を与えてくれます。
□（ホ）権利が取れていなくても、出願中であれば、第三者がこれを買いにきてくれます。前述のゴキブリホイホイ、オセロもそうです。

　このように、たくさんのメリットがあります。しかも、手軽に出願ができきます。したがって、研究者、技術者は、まず、特許庁に、書類にまとめて、出願することです。技術論文を発表することです。

● トンネルダイオードの江崎玲於奈氏

　トンネルダイオード（tunnel diode）、または、江崎ダイオード（Esaki diode）は、量子トンネル効果を使った半導体によるダイオードの一種です。

　江崎 玲於奈氏は、トンネルダイオード（特許第 2673362 号）の発明者です。このダイオードは、昭和 32 年（1957 年）に、特許に出願されています。出願番号は、特願昭 32-024093 です。

　1973 年のノーベル物理学賞を受賞されています。

　東通工（東京通信工業：後に、ソニー 株式会社）に勤めていた江崎 玲於奈氏は、トランジスタの研究をしていました。

　そこへ、新入社員の、黒瀬 百合子さんが助手として入ってきました。

　トランジスタというのは、純度が高ければ高いほど性能がいいので、世界中の研究者、技術者は、どうすれば、純度が高まるかの研究に骨身をけずっていました。

　そして、純度 99.99999999 ％と、いうところまできていました。9 が 10 個も並ぶので、テン・ナインといわれていました。

33

新人の黒崎さんは、実験を何度も失敗したそうです。そこで、先生に反対の方向の研究を願い出ました。

　先生、少しずつ不純物を増やしていくと、どんな結果が出るのか、実験（測定）をさせてください、といったのです

　江崎氏は、それもいいだろう、といって了承してくれました。

　こうして、黒瀬さんが、現在の 1,000 倍くらいまで、不純物を増やしたとき、測定器の画面にかわった曲線が出たのです。それが、トンネルダイオードです。

　そこで、江崎さんは、学術会議に出す前に、特許庁に黒瀬さんと共同名で出願しました。

　特許庁に出願するのは、学術会議などのように、原稿を送ってから、論文が雑誌に掲載されるまで、何カ月もあとになることもなく、出願した、その日が出願日として認めてくれます。

　ソニーは、それによって、特許の実施料（ロイヤリティ）をもらいました。また、技術提携もできて、莫大な利益を得たのです。江崎さんは、それで、ノーベル賞を受賞しました。黒瀬さんも、それ相当の物心両面で優遇されました。

　もし、学術会議等にのみに、頼っていたら、おそらく発表の順番は遅くなっていたでしょう。

　なぜなら、出願した当時は、この研究の価値を認めてくれる人が少なかったからです。

　だから、助手でも、技術者でも、みんな自分の研究論文は、まず、特許庁に出願する文章を書いて、出願することです。

第2章

誰でも書ける「特許」出願文章の
まとめ方・書き方【形式編】

【豆知識】

■ 特許（発明）は、得意な分野、豊富な知識を活かすだけ

　　５００円払って、誰が作った「カレー」を食べたいですか

　突然ですが、質問です。

　小学生、中学生、高校生、お母さんが、同じ新鮮な食材を使って「カレー」を作ってくれました。

　あなたは、５００円払って、誰が作った「カレー」を食べたいですか(⁉)。

　……、多くの人が「お母さん」と答えるでしょう。理由、わかりますよね。

　「得意」、「大好き」なことを、テーマ「科目」を選ぶと、すぐに、いい結果に結びつきます。

　「不得意」、「嫌い」なことに、チャレンジすると大変です。いい結果が出るまでに相当の時間がかかります。お金もかかります。

1．3時間で書ける手紙「特許願」の書き方

● 出願の手続き

思いつき、ヒラメキそのものは、お金になりません。

たとえば、いまは、2人が恋をして、彼女（彼）を好き、と意識しただけです。

そこで、あなたが考えた素晴らしい作品の創作物の内容によって、特許、意匠などの知的財産権に結び付けることが必要です。

特許庁（〒100-8915　東京都千代田区霞が関 3-4-3　特許庁長官 殿）に手続きをして、創作した内容に応じた権利（独占権）を取ります。

それが、上手くいって、第一志望の会社に売り込み「プレゼン」をして、製品化されれば、お金「ロイヤリティ（特許の実施料）」になります。

「特許、実用新案、意匠、商標」の出願は、特許庁に手続きをします。

ところが、個人で、この書類「特許願」を書いて、手続きをするのは〝難しい〟と思っている人がいます。

それは、また、なぜでしょうか。その1番の理由は、いままでの書類が極めて難しく書いてあったからでしょう。

書類（特許文献）を見てください。文章が漢和辞典にものっていないような難しい語句、漢字を並べて書いています。しかも、区切りのない長い説明文で書かれています。それでは、作品の内容を理解するのは大変です。

だから、〝難しい〟と思われていたのです。それは、大きな間違いです。

「知的財産権＝産業財産権（特許、実用新案、意匠、商標）＋著作権」の知識については、第6章で説明します。

第2章　誰でも書ける「特許」出願文章のまとめ方・書き方【形式編】

◆ 「知的財産権」＝「産業財産権＋著作権」

知的財産権	産業財産権	□ 特許　パテント Patent □ 実用新案　utility model □ 意匠　design □ 商標　registered trademark
	著作権　コピーライト Copyright	

◆ 産業財産権

□ **特許（発明）** パテント Patent
　物の発明、方法の発明を保護します。
　権利期間は、出願の日から 20 年です。

□ **実用新案（考案）** utility model
　物品の形状、構造、組み合わせの考案を保護します。
　権利期間は、出願の日から 10 年です。

□ **意匠（デザイン）** design
　物品の形状、模様、色彩などのデザインを保護します。
　権利期間は、設定登録の日から 20 年です。

□ **商標（ネーミング、サービスマーク）** registered trademark
　文字、図形、記号、立体的形状、音などの商標を保護します。
　権利期間は、設定登録の日から 10 年です。何度でも、更新ができます。

● 「知的財産権」の学習は夢があり楽しい

　カッコ良くまとめると、発明は誰にでもできます。発明の普及で国民の暮らしを豊かにします。……、などという「発明立国」が私の使命感です。

　そうです。特許（発明）は、大学の学者、企業の一部の研究者、専門家の独占物ではありません。ちょっとしたコツさえつかめば、誰にでも発明はできます。

　そういっても、やみくもに自己流に考えても、それを権利として自分のものにするには難しい点があります。そこで、知的財産権「産業財産権（特許、実用新案、意匠、商標）＋著作権」の基本的な学習が必要になります。

　どうか、読者のあなたも、特許、意匠などの「知的財産権」の取り方、

37

活かし方を学習して、いま社会がもっとも求めている「特許」、「意匠」、「著作権」などの「知的財産権」についてのスペシャリストになってください。

● **出願が1番多いのは「特許」**

産業財産権（特許、実用新案、意匠、商標）の中で、出願が1番多いのは「特許」です。

それでは、この「特許願」の願書の形式、書き方を順番に説明しましょう。

本当に自分で書けるようになります。……、そういわれても、実際に書いてみないとわかりませんよね。

では、筆者の中本と一緒に書いてみましょう。〝易しい〟〝意外と簡単〟という意味がきっと理解していただけると思います。

そうすれば、実費の14,000円（特許印紙代）だけで、出願ができるようになります。すごい節約になります。

◆ **「書類名」の書き方**

「特許願」の書類で大切なのは形式です。たとえば、形式上、「願書」のタイトルは、「【書類名】 特許願」と書くように決まっています。

それを、勝手に「【書類名】 発明特許願」と書かないでくださいよ。……、といったようなことです。

◆「書類名」の書き方

× 【書類名】	発明特許願

　この一例のように形式に決まりがあります。すると、形式が四角ばっているように思われてしまいます。ところが、実際はそうではありません。

● たとえば、ラブレターを書くよりも簡単

「特許願」は、あなたが特許庁の長官に、私は○○の作品を考えました。
　特許の権利をください。……、と書いて出す手紙「書類」です。
　だから、気楽に考えてください。そして、〝自分で書ける〟という自信を身に付けてください。
　たとえば、ラブレター、手紙を書くときは、相手の感情を考えたりするでしょう。書類を書くときには、その内容をありのままに個条書きで、形式通りに書けばいいのです。
　そんなに悩むことではありません。だから、簡単です。
　そこで、読者は、まず、その形式を見てください。
　それをモデルにしながら同じように書けばいいのです。
　だから、ラブレターを書いたり、日記を付けたり、作文を書いたり、手紙を書いたりすることよりも本当に簡単です。
　……、と筆者は、いつもいっています。事例でもわかっていただけるように、初心者でも、３回くらい練習をすれば書けるようになります。
　この機会に、ぜひチャレンジしてください。

● 自分で書類を書いて、出願すれば、費用は実費だけ

　○○の作品が１番だ！　最高だ！　と思ったら、特許の書類にまとめることが大切です。
　だけど、その費用は、どれくらいかかりますか。
　……、それが心配ですよね。自分で書類を書いて、出願すれば、費用は、実費だけです。
　だから、権利が取れるかどうかわからない作品、製品化できるかどうかわからない作品に、多額の費用をかけてはいけません。……、出願したい

ときは、自分で書類を書きましょう。

また、中小企業、個人の発明家、学生、サラリーマン、ＯＬ、芸術家、主婦の人は、２万円か、３万円くらいなら何とか都合ができるでしょう。

会社だって同じですよ。

仕事の中で、主な財源になる大切な○○の作品とか、お金に余裕がある人は、プロに依頼する方が手間はかからなくていいかも知れません。

ところが、費用が高い、と多くの人が出願できません。

すると、考えた作品は、そのままになってしまいます。

そういった作品は、何万件、いや何十万件もあります。

そのままにしては、もったいない話しです。

だから、この機会にチャレンジしませんか。一緒に書類の書き方を学習しましょう。

● いつでも、ムリをしてはいけない

同じ作品を考えても、テーマ「題目」が違う作品にしても、２つ、３つ、出願をして、それで製品化して上手くいくことは、残念ですが、ほとんどありません。

多くの先輩もそうでした。

５つ出願しても、製品化できませんでした。

２つ特許になっても、上手くいきませんでした。

どこが悪いのでしょう。……、と考え、悩みます。

いろいろなことを体験することによって目がこえ経験ができます。

また、出願の費用などに、ムリをして

お金を使い過ぎると、製品化まで、たどり着けません。だから、自分で書類を書いて出願しましょうよ。

タダの頭、手、足を使っても、ムダなお金は使うな！　ということです。

この一通の手紙「書類」で、楽しくて、大きな夢を何年も見れます。

40

2.「特許願」を出願するのに必要な書類

□ 書類の用紙の大きさ

　書類「願書、明細書、特許請求の範囲、要約書、図面」の用紙の大きさは、A列4番「A4（横21cm、縦29.7cm）サイズ」です。

□ 文字の大きさ

　文字は、パソコン（ｗｏｒｄ）による文書作成、タイプ印書（10～12ポイント）などの黒字で、明確に書きます。

□ 書き方は、左横書き

　書き方は、左横書きです。1行は、40字です。1ページは、50行以内で書きます。

　各用紙とも、原則として、文章の抹消、訂正、重ね書き、および、行間挿入はできません。

□【　】（スミツキカッコ）

「願書、明細書、特許請求の範囲、要約書、図面」の項目名、見出しは、【　】（スミツキカッコ）でくくります。

　「**特許願**」の出願には、次の書類が必要です。

□	①	願書	1
□	②	明細書	1
□	③	特許請求の範囲	1
□	④	要約書	1
□	⑤	図面	1

　　注．「1」は、一通という意味です。ページ数（枚数）ではありません。
　　　　「明細書」、「図面」は、何枚（数ページ）になっても大丈夫です。
　　　　製法特許（方法の発明）のときは、明細書（説明書）だけで説明ができれば「図面」は、描かなくても大丈夫です。

※　本書で説明する書類は、紙面の大きさの関係で、規格通り（A4サイズなど）になっていません。あらかじめご了承ください。

● 出願する方法

「特許願」の出願は、

□（１）書面出願（紙による出願）

□（２）電子出願（パソコンによる回線を利用した出願）

の２つの方式があります。本書では、書面で出願する方法を説明します。

● 特許印紙「特許印紙の見本」

「特許印紙」は、10円、100円、300円、500円、1,000円、3,000円、5,000円、10,000円、30,000円、50,000円、100,000円の11種類です。

「特許印紙」は、全国の郵便局（本局、集配郵便局）で販売しています。

最寄りの郵便局（本局、集配郵便局）へ、お問い合わせください。

注．「収入印紙」と間違えないようにしてください。

「特許印紙」です。必ず、確認してください。

◆ 「特許願」出願手数料等

□ 出願料	□　14,000円
□ 出願審査請求料	□ 118,000円＋（請求項の数×4,000円）
□ 特許料	□ 第１年から第３年まで 　　毎年　2,100円に１請求項につき200円を加えた額
	□ 第４年から第６年まで 　　毎年　6,400円に１請求項につき500円を加えた額
	□ 第７年から第９年まで 　　毎年　19,300円に１請求項につき1,500円を加えた額
	□ 第10年から第25年まで 　　毎年　55,400円に１請求項につき4,300円を加えた額

● 電子化の手数料について

書面で出願されたものは、特許庁が指定する機関によって、すべて、コンピュータに入力されますが、この費用は、【特許出願人】の負担となり

ます。

　その対象は、「願書、明細書、特許請求の範囲、要約書、図面」です。

　金額は、「(基本料１，２００円)　＋　(７００円×書類の枚数)」です。

　出願書類が、「願書　１枚」、「明細書　２枚」、「特許請求の範囲　１枚」、「要約書　１枚」、「図面　１枚」の場合は、

　「１，２００円＋(７００円×６枚)＝５，４００円」になります。

　電子化手数料は、出願してから、約２～３週間後に電子化機関から支払用の振込用紙が送付されます。そのときにお支払いください。

3．「願書」の書き方

　「願書」は、○○の作品の【発明者】、【特許出願人】の住所、氏名などをまとめる書類です。

◆「願書」の形式

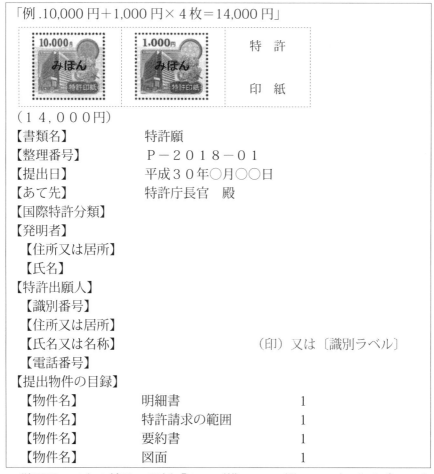

第2章　誰でも書ける「特許」出願文章のまとめ方・書き方【形式編】

□ **余白の取り方**

「願書」は、用紙「Ａ４（横21㎝、縦29.7㎝）サイズ」の上方に６㎝の余白を取ります。用紙の左右、下に２㎝の余白を取ります。

□ **用紙の大きさ**

用紙は、「Ａ４（横21㎝、縦29.7㎝）サイズ」です。白紙を使います。

□ **【　】（スミツキカッコ）**

所定の項目は、【　】（スミツキカッコ）で表示します。

□ **「特許印紙」**

「願書」の上方の余白部分（６㎝）に所定額の「特許印紙」を貼り、その下にカッコして金額（14,000円）を書きます。

「例.10,000円＋1,000円×４枚＝14,000円」

□ **（1）【書類名】　特許願**

【書類名】　特許願　と書類の題名を書きます。

□ **（2）【整理番号】**

【整理番号】　Ｐ－２０１８－０１　のように付けます。

あとで、書類を整理するために、自分の好きな番号を付ける欄です。

ローマ字、アラビア数字、「－」の組み合わせで、１０文字以下の番号を付けることができます。書類の【整理番号】です。

「Ｐ」は、Ｐａｔｅｎｔ「特許」の頭文字です。

「２０１８－０１」は、２０１８年の１番目という意味です。

□ **（3）【提出日】**

【提出日】　平成○○年○月○○日　と書類を提出（出願）する年月日を「【提出日】　平成○○年○月○○日」と書きます。

□ **（4）【あて先】**

【あて先】　特許庁長官　殿　と書きます。

□（5）【国際特許分類】

【国際特許分類】をグループ記号までなるべく書きます。

【国際特許分類】　　○○○○○○

　しかし、書き方がわからないときは、書かなくても大丈夫です。

　書かないときは、欄そのものを省いてください。

【国際特許分類】は、「特許情報プラットフォーム（J-PlatPat）」で、先行技術（先願）を調べれば、「願書」の中に【国際特許分類】が、書いています。

　参考になります。

□（6）【発明者】

【発明者】は、本発明をした者の名前を、【住所又は居所】、【氏名】の項目に分けて書きます。

【住所又は居所】は、何県から、何番何号まで正式に書きます。

□（7）【特許出願人】

【特許出願人】は、○○の作品の権利者となる者を書きます。

【識別番号】、【住所又は居所】、【氏名又は名称】、【電話番号】の項目を、正確に書きます。

【特許出願人】の「印（朱肉印）」を忘れないようにしてください。

□（8）【識別番号】

【識別番号】は、特許庁から事前に通知を受けている者が、【識別番号】を書きます。

【識別番号】がなければ書く必要はありません。

　書かないときは、欄そのものを省いてください。

【識別番号】は、出願後に特許庁から、知らせてくれます。

□（9）【提出物件の目録】

【提出物件の目録】は、「願書の形式の見本」のように書きます。

「願書、明細書、特許請求の範囲、図面」は、何ページ（何枚）になっても「1」と書きます。

「願書　1、明細書　1、特許請求の範囲　1、図面　1」と書きます。

「1」は、一通という意味です。

4.「明細書」の形式

　「明細書」は、特許庁の審査官、他の人（第三者）が読んで、○○の作品の内容がわかるように、「発明の目的」、「発明の構成」、「発明の効果」を詳しくまとめる書類です。

◆「明細書」の形式

```
　　　　　　　　　　　　　　　　　　　　　　　　　　　　　　　－１－
　【書類名】　　　　明細書
　【発明の名称】
　【技術分野】
　　【０００１】

　【背景技術】
　　【０００２】

　【先行技術文献】
　　【特許文献】
　　【０００３】
　　【特許文献１】
　　【特許文献２】

　【発明の概要】
　　【発明が解決しようとする課題】
　　【０００４】
```

　用紙「Ａ４（横21cm、縦29.7cm）サイズ」は、白紙を縦長にして使います。

　用紙の左右、上下に２cmの余白を取ります。

第２章　誰でも書ける「特許」出願文章のまとめ方・書き方【形式編】

－2－

　【課題を解決するための手段】
　【０００５】

　【発明の効果】
　【０００６】

　【図面の簡単な説明】
　【０００７】

　【発明を実施するための形態】
　【０００８】

　【符号の説明】
　【０００９】

　説明用のワクの線は、用紙「Ａ４（横21㎝、縦29.7㎝）サイズ」の大きさをあらわしています。

◆「明細書」の形式と書き方 ● そのまま使える書き方 ●

―1―

【書類名】　　　明細書
【発明の名称】　○○○○
【技術分野】
　【０００１】
　本発明は、………………………………………………………………
……………………○○○○（発明の名称）に関するものである。
　※ ○○○○には、発明の名称を書きます。

【背景技術】
　【０００２】
　従来、………………………………………………………………
………………………………。

【先行技術文献】
　【特許文献】
　【０００３】
　【特許文献１】　特開○○○○－○○○○○○○号公報
　【特許文献２】　特開○○○○－○○○○○○○号公報

【発明の概要】
　【発明が解決しようとする課題】
　【０００４】
　これは、次のような欠点があった。
（イ）………………………………………………………………。
（ロ）………………………………………………………………。
（ハ）……………………………………………………………。
（ニ）………………………………………………………………。

　説明用のワクの線は、用紙「Ａ４（横 21㎝、縦 29.7㎝）サイズ」の大
きさをあらわしています。

50

第2章　誰でも書ける「特許」出願文章のまとめ方・書き方【形式編】

－2－

　本発明は、以上のような欠点をなくすためになされたものである。
　【課題を解決するための手段】
　【０００５】
　　……………………………………………………………………………
…………………………………………………………………………………。

　本発明は、以上の構成よりなる○○○○（発明の名称）である。
　【発明の効果】
　【０００６】
（イ）………………………………………………………………………。
（ロ）………………………………………………………………………。
（ハ）……………………………………………………………………。
（二）………………………………………………………………………。

【図面の簡単な説明】
　【０００７】
　【図１】　本発明の○○図である。
　【図２】　本発明の○○図である。

【発明を実施するための形態】
　【０００８】
　以下、本発明を実施するための形態について説明する。
　　………………………………………………………………………………
…………………………………………………………………。　…………
　　………………………………………………………………………………
………………………………………………。

　用紙「Ａ４（横21㎝、縦29.7㎝）サイズ」は、白紙を縦長にして使い
ます。用紙の左右、上下に２㎝の余白を取ります。

51

－3－

　本発明は、以上のような構成である。
　本発明を使用するときは、……………………………………………………
…………………………………………………………………………。
………………………………………………………………。

【符号の説明】
【０００９】
　　1　○○○
　　2　○○○
　　3　○○○
　　…　………
　　…　………

　紙面の都合上、本書で説明する書類の用紙の大きさ（Ａ４サイズ）、形式などが規則（特許法施行規則）どおりになっていません。あらかじめご了承ください。

第２章　誰でも書ける「特許」出願文章のまとめ方・書き方【形式編】

□ 用紙の大きさ

用紙「Ａ４（横21㎝、縦29.7㎝）サイズ」は、白紙を縦長にして使います。

□ 余白の取り方

用紙の左右、上下に２㎝の余白を取ります。左右は2.3㎝を超えないようにします。

□ １行の文字数、１ページの行数

書き方は、左横書きです。１行は、40字です。１ページは、50行以内です。

● 「明細書」の書き方

【書類名】　明細書　と書きます。

「明細書」は、○○の作品の内容を文章で説明するところです。

「明細書」の形式は、決まっています。

だから、本書の見本のように、【書類名】、【発明の名称】、【技術分野】、……、の項目を作り、それぞれの説明を書きます。

「明細書」を書く上で心がけることは、○○の作品の内容を充分に詳しく書くことです。

○○の作品の内容を、出願をしたあとで、内容の追加、変更することはできません。だから、くどいくらい詳しく書くことが大切です。

「明細書」の枚数（ページ数）に、制限はありません。

□ 「ページ数」の書き方

「明細書」は、複数ページになっても大丈夫です。複数ページのときは、右上にページ番号「－１－、－２－、……」を付けます。

本書の見本のように、次に、書くべき各項目と要領を説明します。

□ 【段落番号】

【段落番号】は、各々の項目の下に、【０００１】、【０００２】、【０００３】、………、のように４桁のアラビア数字で【段落番号】を付けます。

数字、カッコは、すべて全角文字です。

【段落番号】は、本書の見本にあるように、【技術分野】、【背景技術】、……、【符号の説明】の項目の下の行に付けます。

必要に応じて、いくつでも【段落番号】を付けることが可能です。

出願後、補正をするときに、この【段落番号】の単位で補正ができます。

□（1）【書類名】

【書類名】　明細書　と書きます。

```
                                                        － 1 －

【書類名】　　明細書


```

□（2）【発明の名称】

【発明の名称】の付け方は、初歩の人が最初に悩むところです。

【発明の名称】は、○○の作品の内容が簡単明瞭にわかるように、普通の名称を書きます。

【発明の名称】は、○○の作品の内容が簡単にわかるような名前がいいでしょう。

```
【発明の名称】　消しゴムを付けた鉛筆

```

□（3）【技術分野】

【技術分野】は、作品の全体の概要（発明のあらまし）を書きます。

その【技術分野】（発明のあらまし）を２～３行にまとめます。

「本発明は、○○の○○に○○をした○○○○（発明の名称）に関するものである。」といったように作品の大略を書きます。

第 2 章　誰でも書ける「特許」出願文章のまとめ方・書き方【形式編】

```
【技術分野】
　【０００１】
　本発明は、………………………………………………………………………
……………………………………○○○○（発明の名称）に関するも
のである。
　※ ○○○○には、発明の名称を書きます。
```

□（4）【背景技術】

【背景技術】は、いままで、どんなものがあったか、を書きます。

　○○の作品が完成する前の、「従来の技術」の説明を書きます。

```
【背景技術】
　【０００２】
　従 来、………………………………………………………………………
…………………………………………。
```

□（5）【先行技術文献】

【先行技術文献】は、【特許文献１】、【特許文献２】、……、と表示して、
その公報の番号を書きます。

```
【先行技術文献】
　【特許文献】
　【０００３】
　【特許文献１】　特開○○○○ ‐ ○○○○○○号公報
　【特許文献２】　特開○○○○ ‐ ○○○○○○号公報
```

【先行技術文献】に関する情報「特許公報など」を書きます。

55

□（6）【発明の概要】

【発明の概要】は、本発明がどのような問題を解決するのか、問題を解決した技術の内容、効果を【発明が解決しようとする課題】、【課題を解決するための手段】、【発明の効果】の３つの項目に分けて書きます。

【発明の概要】

　【発明が解決しようとする課題】

　【０００４】

　これは、次のような欠点があった。

（イ）……………………………………………………………………………………。

（ロ）………………………………………………………………………………。

（ハ）…………………………………………………………………………………。

（ニ）……………………………………………………………………………………。

　本発明は、以上のような欠点をなくすためになされたものである。

　【課題を解決するための手段】

　【０００５】

　　…………………………………………………………………………………………………

………………………………。

　本発明は、以上の構成よりなる○○○○である。

　【発明の効果】

　【０００６】

（イ）……………………………………………………………………………………。

（ロ）………………………………………………………………………………。

（ハ）…………………………………………………………………………………。

（ニ）………………………………………………………………………………。

【発明の概要】

【発明が解決しようとする課題】

【０００４】

本発明で解決しようとする、従来の欠点、問題点を書きます。

【課題を解決するための手段】

【０００５】

○○の作品の技術の内容を理解できるように構成（しくみ）を書きます。

つまり、本発明がどのような部品で、どのように組み立てられているか、構成を書きます。

なお、【課題を解決するための手段】は、「特許請求の範囲」と同じように書きます。

【発明の効果】

【０００６】

○○の作品のメリット（利点）を述べます。

従来の問題点、【発明が解決しようとする課題】（イ）、（ロ）、（ハ）、（ニ）、……、を解決したことを、【発明の効果】（イ）、（ロ）、（ハ）、（ニ）、……、に書きます。

□（7）【図面の簡単な説明】

【図面の簡単な説明】は、「図面」に描いた、それぞれの図が、何を表している図であるか、簡単に説明する欄です。

【図１】　本発明の○○図である。【図２】　本発明の○○図である。……、のように、各図を簡単に書きます。

○○図は、正面図、平面図、斜視図、分解斜視図、断面図、Ａ－Ａ断面図などのように、図の名称を書きます。

```
【図面の簡単な説明】
　【０００７】
　【図１】　本発明の○○図である。
　【図２】　本発明の○○図である。
```


□（8）【発明を実施するための形態】

【発明を実施するための形態】は、○○の作品を「実施」できるように、「構成」と「使用例」を具体的に詳しく書きます。

「実施」とは、○○の作品を製造、販売をすることをいいます。

前項の【課題を解決するための手段】で書いた○○の作品の内容をさら

に詳しく説明します。たとえば、材料、形状、部品の位置関係、取り付け方、必要に応じて、数量、数値など、詳しく書きます。

　実際に製品にする場合の【発明を実施するため形態】を書くわけです。

　○○の作品の構成が複雑なときは、全体をいくつかに分けて、（イ）、（ロ）、（ハ）、（ニ）、……、というように個条書きにすると、書きやすいです。

　次に本発明の使用例を書きます。

　書き出しに、

「本発明は、以上の構成である。本発明を使用するときは、……」

　という慣用句を書くと、区切り良く使用例が書けます。

　これも、省略しないで、詳しく書きましょう。

【発明を実施するための形態】
　【０００８】
　以下、本発明を実施するための形態について説明する。
　　………………………………………………………………………
………………………………………………………………………。
　　………………………………………………………………………
………………………………………………………………。
　本発明は、以上のような構成である。
　本発明を使用するときは、…………………………………………
………………………………………………………………………。
　　………………………………………………………………………
………………………………………………………。

□（9）【符号の説明】

【符号の説明】は、図面中に書いた符号の部品名を書きます。

58

```
【符号の説明】
　【０００９】
　　１　○○○
　　２　○○○
　　３　○○○
　　…　………
　　…　………
```

5.「特許請求の範囲」の形式

「特許請求の範囲」は、○○の作品は、○○の部分が私の発明です。権利です。……、というところをまとめる書類です。

◆「特許請求の範囲」の形式

```
【書類名】　特許請求の範囲
【請求項１】




　※ 文章は、一文で書きます。
　　　文の途中に、マル 。 を付けないでください。
```

　説明用のワクの線は、用紙「Ａ４（横21cm、縦29.7cm）サイズ」の大きさをあらわしています。

□ 用紙の大きさ

用紙「Ａ４（横21㎝、縦29.7㎝）サイズ」は、白紙を縦長にして使います。

□ 余白の取り方

用紙の左右、上下に２㎝の余白を取ります。

●「特許請求の範囲」の書き方

【書類名】 特許請求の範囲　と、まず書いて、その下に【請求項１】と書きます。

「特許請求の範囲」は、○○の作品の権利範囲となる大切なところです。

特許の権利は、問題をどのようにして解決したのか、その手段が権利になります。

手段とは、つまり「構成」です。

発明の目的、効果が権利になるのではありません。

「明細書」に書いた○○の作品の内容の中から、必須の構成を「特許請求の範囲」に書きます。

したがって、必要不可欠の基本的な構成を明確に書くことが、上手な権利の取り方です。

「特許請求の範囲」は、「明細書」の【課題を解決するための手段】と同じように書きます。

「明細書」に書かれていない内容を「特許請求の範囲」に書いてはいけません。

◆「消しゴムを付けた鉛筆」の書き方

○
【書類名】　特許請求の範囲
【請求項１】
　鉛筆の軸の一端に筒を取り付け、筒に消しゴムを取り付けた鉛筆。

文の途中は、テン 、で区切りながら、一文で書きます。

末尾は、「発明の名称」を書いて締めくくります。

◆「消しゴムを付けた鉛筆」の書き方

×
【書類名】　特許請求の範囲
【請求項1】
　鉛筆の軸の一端に筒を取り付ける。
　筒に消しゴムを取り付ける。
　以上のように構成された消しゴムを付けた鉛筆。

「特許請求の範囲」を書くときは、文の途中に、マル 。 を付けないでください。

　※ 文章は、一文で書きます。

6．「要約書」の形式

「要約書」は、「明細書」に書いた○○の作品の要点だけを簡潔にまとめる書類です。

◆「要約書」の形式

【書類名】　要約書
【要約】
【課 題】　………………………………………………………………
………………………………○○○○（発明の名称）を提供する。
　※ ○○○○には、発明の名称を書きます。
【解決手段】　………………………………………………………………
………………………………………………………………………………
………………………………を特徴とする。
【選択図】

　全体を４００字以内で簡単にまとめます。

　説明用のワクの線は、用紙「Ａ４（横21㎝、縦29.7㎝）サイズ」の大きさをあらわしています。

□ **用紙の大きさ**

　用紙「Ａ４（横21㎝、縦29.7㎝）サイズ」は、白紙を縦長にして使います。

□ **余白の取り方**

　用紙の左右、上下に２㎝の余白を取ります。

第2章　誰でも書ける「特許」出願文章のまとめ方・書き方【形式編】

●「要約書」の書き方

　【書類名】　要約書　とまず書いて、【要約】と見出しを付けます。

　このとき、【課題】と【解決手段】の項目を書きます。

　その項目に、【課題】と【解決手段】の要点を書きます。

　【選択図】は、○○の作品の内容を理解するために、「図面」に描いた中で、最もわかりやすい図の番号を「図1」のように書きます。

　【選択図】は、1つだけにしてください。

　【選択図】は、複数の図を選んではいけません。

　「要約書」に書いた内容は、権利範囲には、関係がないので、要領良くまとめることを心がけてください。全体を４００字以内で簡単にまとめます。

□「選択図」の書き方

○【選択図】　図1

【選択図】は、1つだけにしてください。

□【選択図】の書き方

×【選択図】　図1、図2

【選択図】は、複数の図を選んではいけません。

□「要約書」の書き方

　【書類名】　要約書
　【要約】
　【課題】　消しゴムが小さくても使いやすいように、鉛筆の一端に消しゴムを取り付けた鉛筆を提供する。
　【解決手段】　鉛筆の軸の一端に筒を取り付け、筒に消しゴムを取り付けたことを特徴とする。
　【選択図】　図1

　全体を４００字以内で簡単にまとめます。

7.「図面」の形式

「図面」は、工夫したところを図で示して説明するための書類です。

◆「図面」の形式

【書類名】 図面
【図1】

【図2】

　2つ以上の図（図1、図2、……）を上下に並べて描きます。

　説明用のワクの線は、用紙「Ａ4（横21㎝、縦29.7㎝）サイズ」の大きさをあらわしています。

　※ 注．製法特許（方法の発明）のときは、明細書（説明書）だけで説明ができれば、「図面」は描かなくても大丈夫です。

●「図面」の描き方
□ 用紙の大きさ

　用紙「Ａ4（横21㎝、縦29.7㎝）サイズ」は、トレーシングペーパー、または、白紙を縦長にして使います。

　黒色（製図用ペン、黒インク）で鮮明に描いてください。

□ 図の大きさ

　図は、用紙「Ａ4（横21㎝、縦29.7㎝）サイズ」の横17㎝、縦25.5㎝をこえないように描きます。

実線は、約 0.4mm（引き出し線は、0.2mm）で描きます。

□**【書類名】を書く**

【書類名】　図面　と書きます。

その下に【図1】と書きます。

「図面」は、〇〇の作品の内容をわかりやすく描くことが大切です。

「図面」の枚数（ページ数）は、制限はありません。

□**「ページ数」の書き方**

「図面」は、複数ページになっても大丈夫です。複数ページのときは、右上にページ番号「－1－、－2－、……」を付けます。

□**「図の番号」の書き方**

2つ以上の図があるときは、〇〇の作品の特徴をもっとも良くあらわした図を【図1】として、以下【図2】、【図3】のように連続の番号を付けます。

□**図は、上下に並べて描く**

2つ以上の図「【図1】、【図2】、【図3】、……」は、上下に並べて描きます。

□**図は、横に並べて描いてはいけない**

2つ以上の図「【図1】、【図2】、【図3】、……」を横に並べて描いてはいけません。

◆「図面」の形式

```
×
【書類名】　図面
【図1】　　　　　　　【図2】　　　　　　　【図3】



```

2つ以上の図（図1、図2、……）を横に並べて描いていけません。

8.「特許願」の提出先・書類のとじ方

□「特許願」の提出先

□ (1) 書留の郵便	〒100-8915 東京都千代田区霞が関 3-4-3 特許庁長官 殿 「特許願」在中
□ (2) 特許庁に持参	〒100-8915 東京都千代田区霞が関 3-4-3 「特許庁　出願課受付」 TEL(03)3581-1101

□ 書類のとじ方

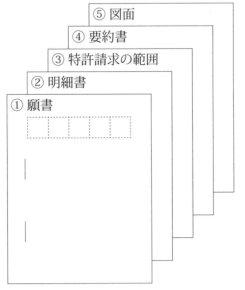

※ 書類を重ねて、左側をホッチキスでとじます。

第３章

誰でも書ける「特許」出願文章の
まとめ方・書き方【書き方編】

【豆知識】

■ 一番大事にしてほしいこと

　発明家が○○の作品を製品にするために、一番大事にしてほしいことがあります。それは、まず、日々の生活を安定させることです。

　ときどき聞くことですが、私は、子どもを大学に進学させるための費用を「ロイヤリティ（特許の実施料）」で支払いたいです。いま、お金がなくて日々の生活が大変です。○○の作品を売ってください。それを資金にして次の作品を考えたいです。……、などという人がいます。

　しかし、これはとんでもない間違いです。○○の作品を考えることは、やさしいです。だから、誰でもできます。だけど、製品にするのは難しいです。素晴らしい○○の作品が利益を生むには日数がかかります。そんなものをあてに生活を考えるのは、はなはだ危険です。

　まず、小さな収入をえて、とりあえず生活を安定させることです。

1. 「特許願」に必要な書類は5つ

「特許願」に必要な書類は、次の5つです。

□	①	願　書	1
□	②	明細書	1
□	③	特許請求の範囲	1
□	④	要約書	1
□	⑤	図　面	1

□ **用紙の大きさ**

　書類「願書、明細書、特許請求の範囲、要約書」の用紙の大きさは、A列4番「A4」（横21㎝、縦29.7㎝）です。白紙を縦長にして使います。「図面」の用紙も、大きさは同じです。トレーシングペーパー、または、白紙を使います。

□ **文字の大きさ**

　文字は、ワープロ、タイプ印書（10ポイントから12ポイント）などの黒字で明確に書きます。パソコン（ワード）の文字の大きさは、通常10.5ポイントに設定されています。

□ **1行の文字数、1ページの行数**

　書き方は、左横書きです。1行は、40字です。1ページは、50行以内で書きます。

　カッコ「(」、「)」、アラビア数字「1」、「2」、……）も1字分として使ってください。半角文字は使ってはいけません。

□【　　】**（スミツキカッコ）**

　書類「願書、明細書、特許請求の範囲、要約書、図面」について、項目、見出しは【　　】（スミツキカッコ）を使います。

　たとえば、次のように、項目に【　　】（スミツキカッコ）を使って、【書類名】、【整理番号】、【提出日】など、……、のように書きます。

　書類の事例も、一緒に参照してください。

　書類の中で、とくに、「明細書」、「図面」は、何ページになっても

「1」と書きます。「1」は、「一通」という意味です。ページ数ではありません。

　製法特許「方法の発明」のときは、「図面（説明図）」がなくても、○○の作品の内容が理解できれば「図面」を付けなくてもいいことになっています。

「【」、「】」の記号と「▲」、「▼」は、使える個所が決められています。

　だから、所定の個所以外では使えません。

　各書類とも、文章の抹消、訂正、重ね書き、および、行間挿入を行うことはできません。

【技術分野】
【０００１】
　本発明は、鉛筆の軸の一端に筒を取り付け、筒に消しゴムを取り付けた鉛筆である。

のように書きます。

　紙面の都合上、本書で説明する各種書類の形式が規則（特許法施行規則）通りになっていません。あらかじめご了承ください。

《一口メモ》
　パソコンのワード（Ｗｏｒｄ）を使用するときは、最初に「ページ設定」をしておくとあとは簡単です。
　用紙の大きさ、周囲の余白、１行の文字数、１ページの行数、文字の大きさなど、設定できます。

2．手本になる手紙「特許願」の書き方

□（1）「消しゴムを付けた鉛筆」

「特許願」の書き方を、みなさんも良く知っている「消しゴムを付けた鉛筆」で説明します。「消しゴムを付けた鉛筆」は、「鉛筆、筒、消しゴム」

の3つで構成されています。構造（しくみ）がとても簡単です。
　だから、、書き方もすぐに理解できます。しかも、素晴らしい作品です。すごい作品です。
　中学校の英語の時間に習った、「This is a pen」は、何年たっても忘れませんよね。
　この「消しゴムを付けた鉛筆」は、「特許願」の書類の書き方の基本形です。
「消しゴムを付けた鉛筆」は、アメリカの画家ハイマンが考えた作品です。
　ハイマンは売れない画家でした。デッサンをしながら、いつも、消しゴム探しに苦労していたそうです。
　貧乏で消しゴムを気軽に買えなかったのでしょう。それで、小さくなってもまだ大事に使っていたのです。
　それで、小さな消しゴムは、床に転げ落ちたり、紙、物の間にもぐり込んだりして、終始見えなくなっていました。
　これでは落ちついて絵も描けないでしょう。
　そこで、ハイマンは考えました。それは、鉛筆の軸の一端に小さな消しゴムを取り付けて、鉛筆と消しゴムを一体化する方法です。
　最初は、鉛筆の軸に消しゴムを糸で巻き付けてみました。
　ところが、不安定で使いにくい、……。
　その後、思考錯誤を繰り返し、手作りで、試作品を作り、試しました。
　その中で、1番上手くできたのがブリキの小片で固定する方法でした。
　図面（説明図）は、本発明の分解斜視図と斜視図です。

【発明の名称】　消しゴムを付けた鉛筆
【技術分野】　発明あらまし（アウトライン）を書く
　本発明は、鉛筆の軸の一端に小さな消しゴムを取り付けた鉛筆に関するものである。
【背景技術】　従来の技術を書く
　従来、鉛筆と消しゴムは別々になっていた。
【発明が解決しようとする課題】　従来の欠点を書く

これは、次のような欠点があった。
（イ）いままで、消しゴムは何度も使っていると、小さくなるので使いにくくなっていた。
（ロ）その消しゴムが必要になったとき、探しても小さくなっていたので、消しゴムが見つけにくく、困っていた。
本発明は、以上のような欠点があった。

【課題を解決するための手段】 改良して生まれた作品の構造を書く
そこで、鉛筆の軸（1）の一端に筒（2）を取り付け、筒（2）に消しゴム（3）を取り付ける。
本発明は、以上の構成よりなる消しゴムを付けた鉛筆である。

【発明を実施するための形態】 実施例、利用法などを書く
鉛筆の軸（1）の上部の一端に金属製の円筒（2）を取り付ける。
円筒（2）に円柱状の消しゴム（3）を差し込む。
円筒（2）をかしめ消しゴム（3）を鉛筆の軸（1）に取り付ける。

◆「消しゴムを付けた鉛筆」
「図面」

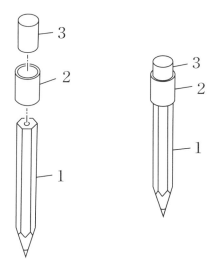

符号は、「1 鉛筆の軸、2 筒、3 消しゴム」です。

★

それを続けて書きます。すると、「特許願」の「明細書」になります。

それでは、「消しゴムを付けた鉛筆」の要点を整理して、「特許願」の書類の文章を一緒に書いてみましょう。

「明細書」は、○○○○である。〜調でまとめます。ここでも、〜である調でまとめました。

□（2）「小さな孔を開けた盃」

これから紹介する事例「小さな孔を開けた盃」は、お酒を飲むときに使う盃です。盃の底の中央に小さな孔を開けた盃です。

この盃は、小料理屋のご主人が考えた作品です。実用的で、しかも、お客さんにウケて楽しくお酒が飲めるように、……、と考えたそうです。

盃の底の中央に小さな孔を開けた盃です。

実用的（!?）で面白そうな作品ですよね。

この盃なら、笑い（話題）も取れそうです。

本発明を使うときは、その小さな孔を下から人指し指でふさぎます。それから、お酒をついでもらいます。

ついでもらった人は、お酒を飲み干さないと中身がこぼれてしまいます。

だから、テーブルの上に盃を置くことができません。

すると、お酒を良く飲んでくれるようになり、お酒もたくさん売れそうだ。

……、というわけです。

また、面白い盃を使っているお店だ！　ということで話題にもなり、お店も繁盛（!?）しそうです。

お客さんの中には、お酒が弱い人もいます。そういう人は、宴会の場が辛いと思います。

一方、お酒が強くてたくさんの人からお酒をついでもらう人も、飲み過ぎないように内緒で卓下に別の容器を準備している人もいます。

相手にわからないように、容器の上で盃を持って、孔をふさいでいた指

を外すと、お酒を容器に移すことができるというわけです。
　図面（説明図）は、本発明の断面図と使用状態を示した断面図です。

【発明の名称】　小さな孔を開けた盃
【技術分野】　発明のあらまし（アウトライン）を書く
　本発明は、盃の底の中央に小さな孔を開けた盃である。
【背景技術】　従来の技術を書く
　従来、お酒を飲むときに使用する盃は、小さい容器のものが一般的であった。
　盃の底に小さな孔を開けた盃はなかった。
【発明が解決しようとする課題】　従来の技術を書く
　これは、次のような欠点があった。
（イ）お酒が飲めない人は、いつまでたっても盃をテーブルの上に置いたままである。
（ロ）お店の売り上げは少しも上がらない。
【課題を解決するための手段】　改良して生まれた作品の構造を書く
　盃（1）の底に孔（2）を開けた盃である。

「図面（説明図）」

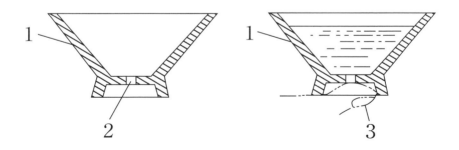

符号は、「1　盃、2　孔、3　指」です。

それを続けて書きます。すると、「特許願」の「明細書」になります。

それでは、盃の底に小さな孔を開けた盃の「特許願」の書類を一緒に書いてみましょう。

「明細書」は、○○○○である。～調でまとめます。ここでも、～である調でまとめました。

3．関連の情報を集めよう

□（1）特許情報プラットフォーム〔J-PlatPat〕は誰でも使える
□① 先行技術（先願）を調べよう

　特許の権利を取るには、出願をしようとする作品が先願（せんがん）であることが条件です。

　先願とは、一番先に特許庁に出願をすることです。

　先行技術（先願）は、特許情報プラットフォーム（J-PlatPat）、特許庁（東京都千代田区霞が関3‐4‐3　交通は、地下鉄・東京メトロ・銀座線の虎ノ門駅下車、徒歩約5分です）で調べられます。

　○○の作品、自分では新しい、と思っている作品でも、すでに、先輩が考えていたケースもあります。

　格好いい理由を付けても、同じようなものが公報にのっています。

　だから、新しさがありません（新規性がありません）。……、といわれて権利が取れないのです。

　これで、出願料（特許印紙代）を無駄にしなくてすみます。

　※特許情報プラットフォーム〔Japan Platform for Patent Information〕
　　略称（J-PlatPat）

□② 公報は、書類をまとめるときの参考書
　○○の作品に関連した公報を見てください。「明細書」の書き方が良く

74

わかります。お手本になります。

とくに、「図面」の描き方、符号の付け方などで悩まなくても大丈夫です。

「図面」を見ただけで○○の作品のイメージがつかめる描き方がわかります。どんな「図面」を描けば効果的か、すぐにわかります。

□ ③ 売り込み「プレゼン」をしたい会社が見つかる

○○の作品を売り込みたい会社、決めていますか。……、まだですか。それでは、先行技術（先願）を調べながら、会社で出願しているところをチェックしましょう。○○の作品に興味をもっている会社です。新製品を開発するために、熱心に取り組んでいる会社です。

そこの会社のホームページを見てください。業務の内容が紹介されています。……、売り込み「プレゼン」をしたい会社が見つかります。目標の第一志望の会社にしてください。さらに、会社に、気に入ってもらえるように、傾向と対策を練りましょう。

□ ④ 「特許情報プラットフォーム」は、特許の図書館、特許の辞書

「特許情報プラットフォーム」は、情報がいっぱいつまっている特許の図書館（library）です。特許の辞書（dictionary）です。

それも、無料で、利用できます。活用してください。

□ ⑤ 特許、実用新案、意匠、商標の簡易検索

「特許情報プラットフォーム」を開いてください。

「特許、実用新案、意匠、商標の簡易検索」の中の「特許・実用新案を探す」を選択してください。

□ ⑥ インターネットで特許調査をしよう

特許庁は、ホームページで発明活動に活かせる、特許情報を提供しています。特許情報は、特許第1号から、現在、公開されている特許公報を、インターネットで調べることができます。

みなさんの作品と同じものが先に出願されていないか、調べましょう。

これで、無駄な研究、無駄な出願をしなくてすみます。

特許情報を検索するシステムを「特許情報プラットフォーム」といいます。

□(2)題材「消しゴムを付けた鉛筆」の先行技術(先願)を調べてみよう
「検索キーワードボックス」に、発明の技術用語を入力します。

```
「検索キーワードボックス」           検索方式
┌─────────────────┐           ┌─────┐
│ 消しゴム　付　鉛筆 │           │ＡＮＤ│
└─────────────────┘           └─────┘
```

たとえば、「消しゴム　付　鉛筆」と入力します。
続いて「検索」をクリックします。
すると、「検索」の下に、ヒット件数○○件と該当する特許公報の件数「○○件」と、「一覧表示」の文字が表示されます。
「一覧表示」をクリックすると、「一覧表示」の画面が表示されます。
「消しゴムを付けた鉛筆」に関連したの情報が見つかります。
□「明細書」の形式に内容を整理しよう
　ここで、物品の形状、構造を比べるのです。
　従来の問題(欠点)は、工夫したところは、「発明の効果」は、……、個条書きでいいです。「明細書」の形式に、「消しゴムを付けた鉛筆」の内容を整理しましょう。

□(3)題材　「小さな孔を開けた盃」の先行技術(先願)を調べてみよう
□先行技術(先願)を調べよう
　練習問題です。「特許情報プラットフォーム」を開いて、「小さな孔を開けた盃」について、どのような先行技術が(先願)があるか、調べてみましょう。
□売り込み「プレゼン」をしたい会社が見つかる
　売り込み「プレゼン」をしたい会社、決めていますか。……、まだですか。それでは、先行技術(先願)を調べながら、会社で出願しているとこ

ろをチェックしましょう。○○の作品に興味をもっている会社です。新製品を開発するために、熱心に取り組んでいる会社です。

　そこの会社のホームページを見てください。業務の内容が紹介されています。……、売り込み「プレゼン」をしたい会社が見つかります。目標の第一志望の会社にしてください。さらに、会社に、気に入ってもらえるように、傾向と対策を練りましょう。

　　　　　「検索キーワードボックス」　　　　　　検索方式

盃　酒	A N D

　→「特許・実用新案、意匠、商標の簡易検索」の「特許・実用新案を探す」の「入力ボックス」に検索のキーワードを入力します。

　たとえば、「盃　酒」と入力します。

　検索方式が「AND」になっています。

　「検索」をクリックしてください。

　→ヒット件数が「○○件」と表示されます。

　右側の「一覧表示」をクリックしてください。

　→「文献番号、発明の名称、出願人」などが表示されます。

　→「文献番号」をクリックしてください。

　作品の「書誌＋要約＋請求の範囲」が表示されます。

　「盃」に関する情報が「○○件」見つかります。

項目表示	イメージ表示	PDF表示

全項目 (書誌＋要約＋請求の範囲)

書誌 要約 請求の範囲 詳細な説明 利用分野 従来の技術 発明の効果 課題 手段 図の説明 図面

　ここで、「○○件」の盃の形状、構造を比べてみてください。

「画面の上の左側」を見てください。

　出願書類の全項目「……、詳細な説明、利用分野、従来の技術、発明の効果、……」が表示されています。

　たとえば、「詳細な説明」をクリックしてください。

　詳しい内容が表示されます。

　情報が見つかりますよ。

□「明細書」の形式に○○の作品の内容を整理しよう

　ここで、物品の形状、構造を比べるのです。

　従来の問題（欠点）は、工夫したところは、「発明の効果」は、……、個条書きでいいです。「明細書」の形式に、「小さな孔を開けた盃」の内容を整理しましょう。

4.「特許願」の「願書」の形式と書き方

「願書」は、○○の作品の【発明者】、【特許出願人】の住所、氏名などをまとめる書類です。

◆「願書」の形式と書き方

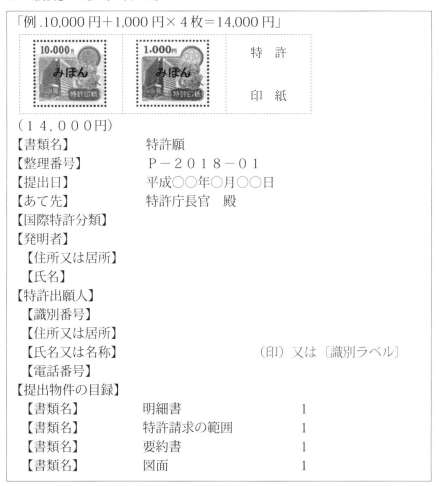

説明用のワクの線は、用紙「Ａ４（横21㎝、縦29.7㎝）サイズ」の大きさをあらわしています。

●「願書」の書き方

　それでは、一緒に「特許願」の「願書」を書いてみましょう。

　紙面の大きさの関係上、余白の取り方、１行は、４０字です。１ページは、５０行以内など規則（特許法施行規則）通りになっていません。あらかじめご了承ください。

□ 余白の取り方

「願書」は、用紙「Ａ４（横21㎝、縦29.7㎝）サイズ」の上に６㎝、左右、下に２㎝の余白を取ります。

　左右については、２．３㎝を超えないようにします。

　用紙の上部に１４，０００円の「特許印紙」を貼ります。

　その下にカッコして、金額（１４，０００円）を書きます。

　用紙の上部に６㎝の余白を取るのは、「願書」だけです。余白に「特許印紙」を貼るためです。

「特許印紙」は、……、１０，０００円、５，０００円、１，０００円、……、など、数種類あります。大きな郵便局（本局、集配郵便局）で販売しています。

　たとえば、「10,000円＋1,000円×４枚＝14,000円」のように組み合わせて使います。自分で書けば実費だけで出願できます。

「例 .10,000円＋1,000円×４枚＝14,000円」

特　許	特　許	特　許	特　許	特　許
印　紙	印　紙	印　紙	印　紙	印　紙

（１４，０００円）

【書類名】	特許願
【整理番号】	Ｐ－２０１８－０１
【提出日】	平成○○年○月○○日
【あて先】	特許庁長官　殿
【国際特許分類】	

□（１）「書類名」の書き方

「書類名」は、「願書」の題名を「【書類名】　特許願」と書きます。

□（2）【整理番号】の書き方

【整理番号】は、「【整理番号】　Ｐ－２０１８－０１」のように書きます。

【整理番号】は、あとで、「特許願」を整理するために番号を付けます。

　ローマ字（Ａ、Ｂ、Ｃ、……）、アラビア数字（１、２、３、……）、－（短い線）を組み合わせて１０文字以下の番号を付けます。

「Ｐ」は、特許（Ｐ atent）の英語の頭文字です。

　たとえば、「Ｐ－２０１８－０１」は、この「特許願」は、「２０１８年の１番目」という意味です。次に出願するときは、２番目という意味で「０１」を「０２」と書いて、「Ｐ－２０１８－０２」のように書けばいいのです。

「０１」、「０２」、……、のように簡単に書くだけでも大丈夫です。

□（3）【提出日】の書き方

【提出日】は、「【提出日】　平成○○年○月○○日」、……、書類を特許庁に提出する日の 年 月 日を書きます。

　書留で郵送するときは、郵便局で発送する日付を書きます。

□（4）【あて先】の書き方

【あて先】は、「【あて先】　特許庁長官 ○○ ○○ 殿」と書きます。

　特許庁長官の名前がわからないときは、「【あて先】　特許庁長官 殿」と書くだけで大丈夫です。

□（5）【国際特許分類】の書き方

【国際特許分類】をグループ記号までなるべくなら書きます。

　特許庁に出願された「特許願」には、○○の作品の技術内容に応じて国際的に統一された記号をすべて書きます。

　これは、「特許願」に何か記号を付けておけば、それがどんな作品か、どんな【技術分野】か、どんな内容か、あとで、調べたいとき記号を見るだけで、すぐに、調べられます。

　だから、便利です。……、という趣旨から書くようになったのです。

この記号が【国際特許分類】です。次の８つに分類されています。

国際特許分類は、A「生活必需品」、B「処理　操作；運輸」、C「化学及び冶金」、D「繊維及び紙」、E「固定構造物」、F「機械工学；照明；加熱；武器；爆破」、G「物理学」、H「電気」

区別は、特許庁の係の人が出願された作品の【技術分野】に応じて記号を付けてくれます。ところが、出願が多くなるにつれ、この分類作業が大変になってきたわけです。

そこで、出願するときに、その作品の【技術分野】を１番良く知っている【特許出願人】が「願書」の【国際特許分類】のところに記号を書いておけば、その分だけ事務処理が迅速化されて余計な手間をかけなくてすむと考えて【特許出願人】に要望したわけです。

この記号は、「国際特許分類表（特許庁編）」の本を見て調べます。

しかし、これは、あくまで特許庁からのお願いごとです。

だから、願書の【国際特許分類】のところに【特許出願人】が記号を書いていないから、といって、それだけで、不利益な取扱いを受けることはありません。

わからなければ、特許庁で調べて書いてくれます。だから、心配しなくても大丈夫です。

【国際特許分類】は、「特許情報プラットフォーム（J-PlatPat）」で、先行技術（先願）を調べれば、「願書」の中に【国際特許分類】が、書いています。

たとえば、

①「消しゴムを付けた鉛筆」は、

「【国際特許分類】　Ｂ４３Ｋ２９／０２

②「目印を付けたホッチキスの針」は、

「【国際特許分類】　Ｂ２５Ｃ５／１６」です。

③「照明を付けた傘」は、

「【国際特許分類】　Ａ４５Ｂ３／０４」です。

第3章　誰でも書ける「特許」出願文章の まとめ方・書き方【書き方編】

□（6）【発明者】の書き方

```
【発明者】
  【住所又は居所】　○○都○○区○○町○丁目○番○号
  【氏名】　　　　　○○　○○
```

【発明者】は、○○の作品を考えた人の名前を書きます。

【住所又は居所】、【氏名】の項目に分けて書きます。

【住所又は居所】は、何県（都道府県）から、何丁目、何番、何号まで正確に書きます。

【氏名】は、個人（自然人）の名前を書きます。

□（7）【特許出願人】の書き方

```
【特許出願人】
  【識別番号】　　　○○○○○○○○○
  【住所又は居所】　○○都○○区○○町○丁目○番○号
  【氏名又は名称】　○○　○○　　　　　（印）又は〔識別ラベル〕
  【電話番号】　　　○○－○○○○－○○○○
```

【特許出願人】は、権利者になる人の名前を【識別番号】、【住所又は居所】、【氏名又は名称】、【電話番号】の各々の項目に分けて書きます。

□①【識別番号】

【識別番号】は、特許庁から事前に通知を受けている人が、その番号を書きます。たとえば、郵便局、銀行の口座番号みたいなものです。

□②【住所又は居所】の書き方

【住所又は居所】は、何県（都道府県）から何丁目、何番、何号まで正確に書きます。

□③【氏名又は名称】の書き方

【氏名又は名称】は、権利者になる人の名前を書きます。

【特許出願人】の「印（朱肉印）」を捺印します。印鑑は、三文判で大丈夫です。

「識別ラベル」を交付されている人は、「識別ラベル」を貼ってください。
そのときは、【特許出願人】の「印」の捺印は不要です。

◆ 法人で出願するときの【特許出願人】の書き方
法人のときは、法人の【住所又は居所】を書いて、次に【氏名又は名称】、【代表者】と書いて代表者名を書きます。

法人でない、たとえば、「○○○商店」、「○○○研究会」、「○○○サークル」などは、【特許出願人】として認めてくれません。

したがって、出願するときは、個人(自然人)の名前を書きます。

```
【特許出願人】
 【識別番号】
 【住所又は居所】
 【氏名又は名称】
 【代表者】                    (印) 又は〔識別ラベル〕
 【電話番号】
```

□ (8)【提出物件の目録】の書き方

```
【提出物件の目録】
 【物件名】 明細書           1
 【物件名】 特許請求の範囲     1
 【物件名】 要約書           1
 【物件名】 図面
```

【提出物件の目録】の中で、「明細書」、「図面」は、数ページ（数枚）になることがあります。何ページ（数ページ）になっても「1」と書きます。「1」は一通という意味です。

5. 「明細書」の形式と書き方

「明細書」は、特許庁の審査官、他の人（第三者）が読んで、○○の作品の内容がわかるように、「発明の目的」、「発明の構成」、「発明の効果」を詳しくまとめる書類です。

◆「明細書」の形式

```
【書類名】          明細書
【発明の名称】
【技術分野】
 【０００１】
【背景技術】
 【０００２】
【先行技術文献】
 【特許文献】
 【０００３】
 【特許文献１】
【発明の概要】
 【発明が解決しようとする課題】
 【０００４】
 【課題を解決するための手段】
 【０００５】
 【発明の効果】
 【０００６】
【図面の簡単な説明】
 【０００７】
【発明を実施するための形態】
 【０００８】
【符号の説明】
 【０００９】
```

説明用のワクの線は、用紙「Ａ４（横21㎝、縦29.7㎝）サイズ」の大きさをあらわしています。

◆ 「明細書」の形式と書き方 ● そのまま使える書き方 ●

—1—

【書類名】　　　明細書
【発明の名称】　○○○○
【技術分野】
　【０００１】
　　本発明は、…………………………………………………………………………
………………………○○○○(発明の名称）に関するものである。
　　※ ○○○○には、発明の名称を書きます。
【背景技術】
　【０００２】
　　従来、…………………………………………………………………………
………………………………………………。
【先行技術文献】
　【特許文献】
　【０００３】
　【特許文献１】　特開○○○○−○○○○○○○号公報
　【特許文献２】　特開○○○○−○○○○○○○号公報
【発明の概要】
　【発明が解決しようとする課題】
　【０００４】
　　これは、次のような欠点があった。
（イ）……………………………………………………………………………。
（ロ）………………………………………………………………。
　　本発明は、以上のような欠点をなくすためになされたものである。
　【課題を解決するための手段】
　【０００５】
　　………………………………………………………………………………
……………………………。
　　本発明は、以上の構成よりなる○○○○(発明の名称）である。

　　用紙は、「Ａ４（横２１㎝、縦２９.７㎝)」の白紙を縦長にして使いま
す。

　　左右、上下に２㎝の余白を取ります。

　　１行は、４０字です。１ページは、５０行以内でまとめます。

86

第3章　誰でも書ける「特許」出願文章の まとめ方・書き方【書き方編】

　　　　　　　　　　　　　　　　　　　　　　　　　　　　　　　　—2—

　【発明の効果】
　【０００６】
（イ）……………………………………………………………………………。
（ロ）……………………………………………………………………………。
（ハ）……………………………………………………………………………。
（ニ）……………………………………………………………………………。
【図面の簡単な説明】
　【０００７】
　【図１】　本発明の○○図である。
　【図２】　本発明の○○図である。

【発明を実施するための形態】
　　【０００８】
　　以下、本発明を実施するための形態について説明する。
　　……………………………………………………………………………。
　　……………………………………………………………………………。
　　本発明は、以上のような構成である。
　　本発明を使用するときは、…………………………………………………。
　　……………………………………………………………………………。

【符号の説明】
　【０００９】
　　　１　○○○
　　　２　○○○
　　　３　○○○
　　　…　………
　　　…　………

　紙面の都合上、本書で説明する書類の用紙の大きさ（Ａ４サイズ）、形式などが規則（特許法施行規則）どおりになっていません。あらかじめご了承ください。

●「明細書」の書き方
「明細書」は、以上の形式のように項目に分けて書きます。

87

書類の中で「明細書」を書くのが１番大変だ！　と一般的にいわれています。ところが、それも形式通りに書けば簡単に書けます。

「明細書」は、である。〜調でまとめます。ここでも、〜である調でまとめました。

□ 用紙の大きさ

用紙「Ａ４（横21㎝、縦29.7㎝）サイズ」は、白紙を縦長にして使います。

□ 余白の取り方

用紙の左右、上下に２㎝の余白を取ります。左右は２．３㎝を超えないようにします。

□ １行の文字数、１ページの行数

書き方は、左横書きです。１行は、４０字です。１ページは、５０行以内です。

□ ページ数の書き方

複数ページになっても大丈夫です。複数ページのときは、右上にページ数「－１－」、「－２－」、……、のように書きます。

次に各項目には、それぞれ、どんな内容を書くのか、説明しましょう。

□ 【段落番号】の書き方

各々の項目の下に【０００１】、【０００２】、【０００３】、………、のように４桁のアラビア数字で【段落番号】を付けます。

数字、カッコは、すべて全角文字です。

「段落番号」は、見本にあるように【技術分野】から【符号の説明】まで、項目の下の行に必ず付けてください。

必要に応じていくつでも【段落番号】を付けることが可能です。

出願後、補正をするときに、この【段落番号】の単位で補正ができます。

次に各項目には、それぞれ、どんな内容を書くのか、説明しましょう。

□ （１）「書類名」の書き方

「書類名」は、題名「【書類名】　明細書」と書きます。

第3章　誰でも書ける「特許」出願文章のまとめ方・書き方【書き方編】

□（2）【発明の名称】の書き方

【発明の名称】の付け方は、初歩の人が最初に悩むところです。

【発明の名称】は、○○の作品の内容が簡単にわかるような名前がいいでしょう。

たとえば、

◆「消しゴムを付けた鉛筆」

【書類名】	明細書
【発明の名称】	消しゴムを付けた鉛筆

◆「小さな孔を開けた盃」

【書類名】	明細書
【発明の名称】	小さな孔を開けた盃

と書きます。【発明の名称】は、少し長くなっても結構です。

□【発明の名称】だけで、○○の作品の内容がわかることがポイント

だから、簡単明瞭に表現する普通の【発明の名称】を付けましょう。

そうすれば、特許庁の審査官は、すぐに、【発明の名称】だけで、○○の作品の内容がわかります。

◆【発明の名称】　消しゴムを付けた鉛筆

……、ハハァー、これは、鉛筆の軸の一端に消しゴムを取り付けた鉛筆かあー。

◆【発明の名称】　小さな孔を開けた盃

……、ハハァー、これは、盃の底の中央に小さな孔を開けた盃かあー。

……、と頭の中で○○の作品の大要が浮かびます。

また、他の日に新聞、雑誌などで紹介してもらったりするときは、その「発明の名称」をのせてくれます。

89

そのとき、それを読んだ人が、その【発明の名称】だけを見て、だいたい、どんな作品か、わかるような【発明の名称】を付けておくと、ＰＲにもつながります。そうすれば、スポンサーがあらわれる可能性もあります。

でも、次のような【発明の名称】の付け方はいけません。

たとえば、これは能率がいいというので、「能率的な○○」などのように、「発明の名称」を付ける人がいます。

◆【発明の名称】の書き方

×【発明の名称】 能率的な○○
×【発明の名称】 文化式の○○
×【発明の名称】 最新式の○○

ところが、これは、○○の作品の内容がわかりにくいです。だから、やめた方がいいです。

少し考えてしまうのは、……、といったように【発明の名称】に「中本式の○○」のように、「発明者の名前」を付けることです。

◆【発明の名称】の書き方

×【発明の名称】 中本式の○○

このように、自分の名前を付ける人もいますが、とんでもない間違いです。

□（3）「明細書」の書き方の要点

「明細書」が○○の作品を説明するための本論です。

1番大切なところです。

書類が難しいというのは、「明細書」が上手く書けない、ということです。

しかし、手紙と一緒です。各項目の順序にしたがって書くだけです。

それは、次の通りです。用紙が3枚になっても、5枚になっても結構です。

「図面（説明図）」の符号と一緒に、その構成を詳しく書いて説明します。

□ ① 【技術分野】

その【技術分野】（発明のあらまし）を2～3行にまとめます。

「本発明は、○○の○○に○○をした○○○○（発明の名称）に関するものである。」といったように、○○の作品の大略を書きます。

【発明の名称】より、ちょっと長文にして、審査官が「【技術分野】（発明のあらまし）を読んだとき、本発明のあらまし（アウトライン）がわかるように書けばいいのです。

□ ② 【背景技術】

○○の作品の、従来、どうなっていたのか、【背景技術】を書きます。

従来、どういった技術があったのかを書きます。

□ ③ 【発明が解決しようとする課題】

【発明が解決しようとする課題】は、いままでの製品の構造上の欠点、使い方などの問題点を上げます。

【発明の概要】、【発明が解決しようとする課題】を書きます。

従来の欠点を上げることによって、その後にのべようとする○○の作品がいかに効果的なものかを浮きぼりにさせるわけです。

□ ④ 【課題を解決するための手段】

その課題（問題）を除くために、自分はこのように考えました。

その内容を【課題を解決するための手段】に書きます。

【課題を解決するための手段】と、【特許請求の範囲】は、同じように書きます。

□ ⑤ 「発明の効果」

○○の作品は、このような構成です。

だから、このように素晴らしい【発明の効果】が生まれた。

……、と書きます。

この【発明の効果】を上手く書くことは大切です。

□ ⑥ 「発明を実施するための形態」

6つめは、本発明は、このような構成です。……、と【発明を実施するための形態】を書きます。だから、その「使い方」はこうします。

○○の作品は、こういったところにも利用できます。

……、というように「実施例」を書きます。

以上のような順序で書くと、素晴らしい文章ができます。

□（4）手紙の書き方と同じ

「明細書」は、発明家をめざす初心者が最も書きにくい。

……、といわれているところです。

ところが、実際に書いてみるとそんなに難しくありません。

○○の作品の内容がわかればそれでいいのです。

しかし、はじめての人は、書き出しを、どのように、書いていいのかわからないと思います。はじめて体験することです。だから、ムリもありません。

それはちょうど手紙を書いたことのない子どもに、誕生祝いの案内の手紙を書いてみて、……、というのと同じで書けないでしょう。そこで、親は子どもに手紙の書き方を、次のように教えると思います。

はじめに、「拝啓」と書きます。

次は、「時候見舞い」を書きます。

それから、さて、と用件を詳しく書きます。

……、まずは、ご案内まで、……、と書いて、最後に「敬具」と結ぶのよ。

……、といったように「具体的な文の流れ」を教えます。

すると、書き方の順序がわかるので、簡単に書けるようになるでしょう。

「明細書」も、それと同じです。発明者が特許庁に出す手紙のようなものです。

だから、その書き方の順序を知ると案外さやしいものです。

◆ 特許法の施行規則

特許法の施行規則には「発明の目的」、「発明の構成」、「発明の効果」を書くようになっています。

それを、もう少しわかりやすく説明します。

□ ① 発明のあらまし【技術分野】、【背景技術】を書きます。

□ ② 従来のものの構造上の欠点、使い方などの問題点【発明が解決しよ

うとする課題】を書きます。

□ ③ その欠点を除くために考えた構成（しくみ）【発明を解決するための手段】を書きます。

□ ④ その（以上のような）構成です。その結果、このような【発明の効果】が生まれました。……、と説明します。

□ ⑤ 【発明を実施するための形態】を書きます。一緒に「使い方」を説明します。続けて、その他の「実施例」を書きます。

以上のような内容です。

本書で紹介する事例を２、３回読んでください。そして、そのパターンをおぼえてください。それと同じように書くだけです。

次に気を付けてほしいことがあります。

それは、なるべく詳しく書いておくのがいい、ということです。

□ **「出願審査請求書」**

その理由は、出願の日から３年以内に「出願審査請求書」を提出すると、後日、特許庁から「特許査定（ＹＥＳという返事）」か「拒絶理由通知（ＮＯという返事）」が来ます。

□ **「拒絶理由通知」**

もしもですが、「拒絶理由通知」が来てしまったとき、本文の中に書いてあった文字、文章を取り除くことはできます。ところが、新たな文字、文章を追加することは難しいです。「図面（説明図）」も同じです。

だから、長々と書いて審査官には申し訳ないが、できるだけ詳しく書いておくのがいい、ということです。

書いてさえあれば、それから引き出して、後日、「発明の構成」、「発明の効果」を並べることもできるし、いろいろと理屈も付けられます。

だから、「拒絶理由通知」を受けても十分にそれをひっくり返して「登録」にできます。

文章は下手でもいいです。書き落としがないようにまとめることです。「明細書」は、手紙と一緒で、これにも順序があります。

順序にしたがって書いてください。すると、書き落としがありません。

慣れることです。

□ 【段落番号】

　それは、次の通りです。原則として、それぞれ「【　　】」を付けた４桁のアラビア数字で、「【０００１】、【０００２】、……」のように連続番号を付けます。これを【段落番号】といいます。

□ 「手続補正」

　出願後に手続補正（訂正）をしたいときに、この【段落番号】を付けていると【段落番号】ごとに補正ができます。

「明細書」は、各項目を分けて○○の作品の内容を書きます。

　次に、その項目には、それぞれどんなことを書くのか説明しましょう。

□ （５）「明細書」の各項目の具体的な書き方

「明細書」の具体的な書き方は、次の通りです。

　はじめは、各項目に書く内容、書き方、難しく感じるかも知れません。

　じつは、すべての「明細書」の各項目に使える「書き方の順序」、「決まり文句」があります。

　それを「●そのまま使える書き方●」として紹介します。

　あなたの○○の作品を各項目にあてはめて書いてください。

　きっと、スラスラ書けるハズです。

□ （６）【技術分野】の書き方

【技術分野】は、発明のあらまし（アウトライン）を２行、３行にまとめて書きます。

【技術分野】を読めば、○○の作品の内容がわかるように書きます。

◆【技術分野】● そのまま使える書き方 ●

> 【技術分野】
>
> 　【０００１】
>
> 　本発明は、………………………………………、○○○○（発明の名称）に関するものである。
>
> 　※ 内容の説明は（〜である。）調で書きます。

　と書きます。具体的には、次のように書きます。

◆「消しゴムを付けた鉛筆」

> 【技術分野】
>
> 　【０００１】
>
> 　本発明は、鉛筆の軸の一端に小さな消しゴムを取り付けた鉛筆に関するものである。

◆「小さな孔を開けた盃」

> 【技術分野】
>
> 　【０００１】
>
> 　本発明は、盃の底の中央に小さな孔を開けた盃に関するものである。

□（７）【背景技術】の書き方

【背景技術】は、いままで、どんなものがあったか、を書きます。

　○○の作品が完成する前の、「従来の技術」の説明を書きます。

◆【背景技術】● そのまま使える書き方 ●

> 【背景技術】
> 【０００１】
> 従来、……………………………………………………があった。
> 従来の………………は、………………………………している。
> また、………………………………………………しているものもある。

と書きます。具体的には、次のように書きます。

◆「消しゴムを付けた鉛筆」

> 【背景技術】
> 【０００２】
> 従来、鉛筆と消しゴムは別々になっていた。

◆「小さな孔を開けた盃」

> 【背景技術】
> 【０００２】
> 従来、お酒を飲むときに使用する盃は、小さい容器のものが一般的
> で、盃の底に小さな孔を開けたものはなかった。

□（８）【先行技術文献】の書き方

【先行技術文献】は、「特許情報プラットフォーム（J-PlatPat）」で、先行技術（先願）を確認してください。

　類似の公報を見つけたときは、【特許文献１】と、書きます。

　たとえば、「【特許文献１】　特開〇〇〇〇－〇〇〇〇〇号公報」のように、番号を書きます。

　複数あるときは、行を変えて、「【特許文献２】　特開〇〇〇〇－〇〇〇〇〇号公報」のように続けて書きます。

【特許文献】は、書いた方が、審査のとき効果があります。

第3章　誰でも書ける「特許」出願文章のまとめ方・書き方【書き方編】

◆【先行技術文献】● そのまま使える書き方 ●

```
【先行技術文献】
  【特許文献】
  【０００３】
  【特許文献１】　特開○○○○－○○○○○○号公報
  【特許文献２】　特開○○○○－○○○○○○号公報
```

□（9）「発明の概要」「発明が解決しようとする課題」の書き方

【発明の概要】は、【発明が解決しようとする課題】から書いていきます。

　いままでの製品のどこに課題（構造上の欠点、使い方などの問題点）があったのか。

　どんなことが要求（要望）されていたのか。

　本発明で解決しようとするねらいは何か。

　……、次のように書きます。

◆ 【発明が解決しようとする課題】● そのまま使える書き方 ●

【発明の概要】
　【発明が解決しようとする課題】
　【０００３】
　これは、次のような欠点があった。
　…………………………………………………………………………………。
　本発明は、以上のような欠点をなくすために考えたものである。

と書きます。具体的には、次のように書きます。

◆ 「消しゴムを付けた鉛筆」

【発明の概要】
　【発明が解決しようとする課題】
　【０００３】
　これは、次のような欠点があった。
　従来、消しゴムが必要なときに小さくなった消しゴムが見つからず困ることが多かった。
　本発明は、以上のような欠点をなくすために考えたものである。

第3章　誰でも書ける「特許」出願文章のまとめ方・書き方【書き方編】

◆「小さな孔を開けた盃」

【発明の概要】

【発明が解決しようとする課題】

【０００３】

　これは、次のような欠点があった。

（イ）お酒が飲めない人は、いつまでたっても盃をテーブルの上に置い
　　たままである。

（ロ）お店の売り上げは、少しも上がらない。

（ハ）お酒が弱い人、たくさんの人からお酒をついでもらう人は、飲み
　　すぎたりするので、そのすべてを飲めないので、他の容器に移した
　　りしていた。

（ニ）これは先方に対して失礼なことであった。

　　本発明は、以上のような欠点をなくすために考えたものである。

□（10）【課題を解決するための手段】の書き方

【課題を解決するための手段】は、物品の形状、構造、組み合わせなど、
○○の作品のポイントになる構成（しくみ）を書きます。

　つまり、本発明がどのような部品で、どのように組み立てられているの
か、などを書きます。

　このとき、「図面」の部品の符号と一緒に説明します。

　次のように書きます。

● そのまま使える書き方 ●

【課題を解決するための手段】

【０００４】

　何の　どこに　何を　取り付ける。

　本発明は、以上の構成よりなる○○○○（発明の名称）である。

のように書きます。

99

【課題を解決するための手段】の書き方は、「特許請求の範囲」と同じように書きます。

　具体的には、次のように書きます。

◆「消しゴムを付けた鉛筆」

> 【課題を解決するための手段】
> 【０００４】
> 　鉛筆の軸（１）の一端に筒（２）を取り付け、筒（２）に消しゴム（３）を取り付ける。
> 　本発明は、以上の構成よりなる消しゴムを付けた鉛筆である。

◆「小さな孔を開けた盃」

> 【課題を解決するための手段】
> 【０００４】
> 　盃（１）の底に孔（２）を開ける。
> 　本発明は、以上の構成よりなる小さな孔を開けた盃である。

□（11）【発明の効果】の書き方

【発明の効果】は、このような構成である。

　だから、このような【発明の効果】が生まれた。……、と書きます。

　課題（問題点）を解決した点が【発明の効果】です。セールスポイントを書きます。この【発明の効果】を上手く書くことが大切です。

　具体的には、次のように書きます。

100

第3章　誰でも書ける「特許」出願文章のまとめ方・書き方【書き方編】

◆「消しゴムを付けた鉛筆」

【発明の効果】
【０００５】
（イ）消しゴムが必要になったときでも消しゴムと鉛筆が一体になっているので探す手間が省ける。
（ロ）小さな消しゴムでも鉛筆の柄を持って使えるため間違った文字も消しやすい。

◆「小さな孔を開けた盃」

【発明の効果】
【０００５】
（イ）お酒が弱い人、たくさんの人からお酒をついでもらう人は、卓下に別の容器を置いといて相手にわからないように容器の上に盃を持ち、孔をふさいでいた指を外すと他の容器に移したりすることができる。
（ロ）お酒を飲み干さないとテーブルの上に置くことができないのでお酒がたくさん売れるようになる。
（ハ）お酒の宴席を盛り上がるための小道具としても使える。

(12)「図面の簡単な説明」の書き方

【図面の簡単な説明】は、「【図１】　本発明の○○図である。」のように書きます。

　○○図は、正面図、平面図、斜視図、分解斜視図、断面図、Ａ－Ａ断面図などのように、図の名称を書きます。

　具体的には、次のように書きます。

101

◆「消しゴムを付けた鉛筆」

【図面の簡単な説明】
　【０００７】
　【図１】　本発明の分解斜視図である。
　【図２】　本発明の斜視図である。

◆「小さな孔を開けた盃」

【図面の簡単な説明】
　【０００７】
　【図１】　本発明の分解斜視図である。
　【図２】　本発明の斜視図である。

□（13）「発明を実施するための形態」の書き方

【発明を実施するための形態】は、【課題を解決するための手段】に書いた内容をさらに詳しく書きます。

　物品の形状、材質をあらわしたいときは、ここに書いてください。

　次に、本発明をどのように使うのか「使い方」を説明します。

　本発明は、こういうところにも利用できる。……、といった「実施例」を書きます。

第3章　誰でも書ける「特許」出願文章の まとめ方・書き方【書き方編】

● そのまま使える書き方 ●

【発明を実施するための形態】
【０００８】
　以下、本発明の実施をするための形態について説明すると、…………
（「課題を解決するための手段」をさらに詳しく説明してください。）
……………………………。
　本発明は、以上のような構成である。
　本発明を使用するときは、…………（使い方を説明する）…………
…………………。

のように書きます。具体的には、次のように書きます。

◆「消しゴムを付けた鉛筆」

【発明を実施するための形態】
【０００８】
　以下、本発明の実施をするための形態について説明する。
　鉛筆の軸（１）の上部の一端に金属製の円筒（２）を取り付ける。
　円筒（２）に円柱状の消しゴム（３）を差し込む。
　円筒（２）をかしめ消しゴム（３）を鉛筆の軸（１）に固定する。
　本発明は、以上のような構成である。
　本発明を使用するときは、鉛筆の軸と一体になったこの小さな消しゴ
ムで鉛筆の柄を持って間違った文字などを消すことができる。

103

◆「小さな孔を開けた盃」

【発明を実施するための形態】
【０００８】
以下、本発明の実施をするための形態について説明する。
盃（１）の底の中央に小さな孔（２）を開けた盃である。
本発明は、以上のような構成である。
本発明を使用するときは、盃（１）に底の中央の小さな孔（２）を指（３）でふさいでお酒をついでもらう。
置くときは、お酒を飲み干さないとテーブルの上に置くことができない。
飲めないときは、他の人にわからないように孔をふさいでいた指を外して別の容器にお酒を移せば良い。

（14）【符号の説明】の書き方

【符号の説明】は、「１　○○○○　２　○○○○　３　○○○○」のように書きます。

図面中に書いた符号の部品名を書きます。

具体的には、次のように書きます。

◆「消しゴムを付けた鉛筆」

【符号の説明】
【０００９】
　　１　鉛筆の軸
　　２　筒
　　３　消しゴム

第3章　誰でも書ける「特許」出願文章のまとめ方・書き方【書き方編】

◆「小さな孔を開けた盃」

```
【符号の説明】
 【0009】
   1  盃
   2  孔
   3  指
```

「明細書」は、以上のように書きます。

　読み終えた感想は、いかがでしたか（!?）

　……、簡単だったでしょう。書けるような気がしたでしょう。

　さっそくですが、同じように書いてみましょう。

　紙面の都合上、余白の取り方、1行は、40字です。1ページは、50行です。……、など規則(特許法施行規則)通りになっていません。あらかじめご了承ください。

6.「特許請求の範囲」の形式と書き方

「特許請求の範囲」は、○○の作品は、○○の部分が私の発明です。権利です。……、というところをまとめる書類です。

◆「特許請求の範囲」の形式

```
【書類名】　特許請求の範囲
【請求項1】
```

　説明用のワク線は、用紙「Ａ4（横21cm、縦29.7cm）サイズ」の大きさをあらわしています。

□ 余白の取り方

【特許請求の範囲】は、用紙「Ａ4（横21cm、縦29.7cm）サイズ」の左右、上下に2cmの余白を取ります。

●「特許請求の範囲」の書き方

【書類名】　特許請求の範囲　と書きます。

「特許請求の範囲」は、○○の作品を他の人（第三者）にマネされては困る、つまり、自分で考えた形か、構成（しくみ）、物品の形状、物品の組み合わせなどを書くところです。

　書き方は、「何の、どこに、何を、取り付けた○○○○○（発明の名称）。」のように書きます。

「特許請求の範囲」は、「明細書」の【課題を解決するための手段】と同じように書きます。

　ここで、書き方で注意していただきたいことがあります。

　それは、次のように書きます。

106

第3章　誰でも書ける「特許」出願文章の まとめ方・書き方【書き方編】

◆ × 「特許請求の範囲」の書き方

【書類名】　特許請求の範囲
【請求項1】
　日本国中。

と書いたり、

◆ × 「特許請求の範囲」の書き方

【書類名】　特許請求の範囲
【請求項1】
　○○を除くいっさいの範囲。

などと書いて、思わず審査官を吹き出させることがあるそうです。

◆「消しゴムを付けた鉛筆」

【書類名】　特許請求の範囲
【請求項1】
　鉛筆の軸の一端に筒を取り付け、筒に消しゴムを取り付けた鉛筆。

……、とその作品の構成（しくみ）を書きます。

ここで、注意していただきたいことがあります。

それは、六角形の鉛筆（1）のように形状を限定して書かないでください。

金属製の筒（2）のように材質を限定して書かないでください。

……、ということです。

107

◆「小さな孔を開けた盃」

【書類名】　特許請求の範囲
【請求項1】
　盃の底に孔を開けた盃。

●「特許請求の範囲」の多項制の書き方
　次に、「特許請求の範囲」を多項制「【請求項1】、【請求項2】、【請求項3】、……」で書くときの一例を紹介しましょう。

◆「消しゴムを付けた鉛筆」の【特許請求の範囲】（多項性）

【書類名】　特許請求の範囲
【請求項1】
　鉛筆の軸の一端に筒を取り付け、筒に消しゴムを取り付けた鉛筆。
【請求項2】
　筒に消しゴムを挿入し、これを鉛筆の軸にかしめて固定した、請求項1の消しゴムを付けた鉛筆。
【請求項3】
　消しゴムに接着剤を付け、これを鉛筆の軸に接着した、請求項1の消しゴムを付けた鉛筆。

7.「要約書」の形式と書き方

「要約書」は、「明細書」に書いた○○の作品の【課題】、【解決手段】を

簡潔にまとめたる書類です。

◆「要約書」の形式と書き方

```
【書類名】　要約書
【要約】
【課題】　………………………………○○○○（発明の名称）を提供する。
【解決手段】　………………………（構成を書きます）………………………
　　………………………を特徴とする。
【選択図】　図1
```

　説明用のワク線は、用紙「Ａ４（横21㎝、縦29.7㎝）サイズ」の大きさをあらわしています。

□ **用紙の大きさ**

　用紙「Ａ４（横21㎝、縦29.7㎝）サイズ」は、白紙を縦長に使います。

□ **余白を取り方**

　用紙「Ａ４（横21㎝、縦29.7㎝）サイズ」の大きさの白紙で、左右、上下に２㎝の余白を取ります。

● 「要約書」の書き方

「要約書」は、特許の権利範囲には関係ありません。

　○○の作品の内容をわかりやすく要領良くまとめればいいのです。

　全体を400字以内でまとめます。

「要約書」は、次のような内容を書きます。

□ ①【書類名】は、要約書の題名を「【書類名】　要約書」と書きます。

□ ②【要約】は、【課題】と【解決手段】の項目を付けて書きます。

□ ③【課題】は、作品の要点だけを簡潔にまとめます。

□ ④【解決手段】は、明細書の【課題を解決するための手段】と同じように書きます。

□ ⑤【選択図】は、○○の作品の内容を理解するために出願図面に描いた中から最もわかりやすい図の番号を「【選択図】　図１」のように書き

ます。

◆【選択図】の書き方

○【選択図】　図1

【選択図】は、1つだけにしてください。

◆【選択図】の書き方

×【選択図】　図1、図2

　【選択図】は、複数の図を選んではいけません。

　具体的には、次のように書きます。

◆「消しゴムを付けた鉛筆」の【要約書】

【書類名】　要約書
【要約】
【課題】　消しゴムが小さくても使いやすいように、鉛筆の一端に消しゴムを取り付けた鉛筆を提供する。
【解決手段】　鉛筆の軸の一端に筒を取り付けたことを特徴とする。
【選択図】　図1

◆「小さな孔を開けた盃」の【要約書】

【書類名】　要約書
【要約】
【課題】　盃の底の中央に孔を開けた盃を提供する。
【解決手段】　盃の底に孔を開けたことを特徴とする。
【選択図】　図1

110

8.「図面」の形式と描き方

「図面」は、工夫したところを図で示して説明するための書類です。

◆「図面」の形式と描き方

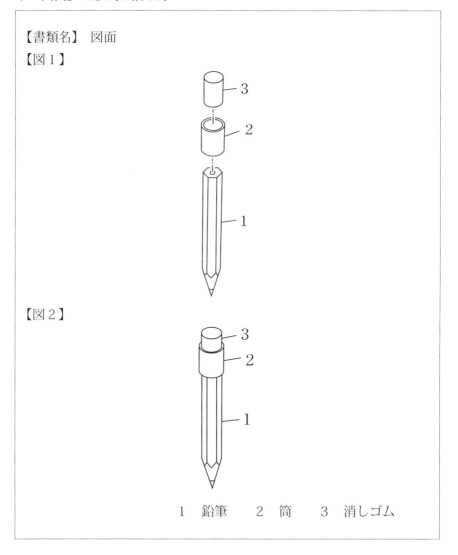

□ 用紙の大きさ

「図面」の用紙は、「Ａ４（横21㎝、縦29.7㎝）サイズ」は、トレーシングペーパー、または、白紙を縦長にして使います。

「図面」は、黒色（製図用ペン、黒インク）で鮮明に描きます（コピーしたものでも結構です）。

□「**図面**」の大きさ

図は、用紙「Ａ４（横21㎝、縦29.7㎝）サイズ」の横17cm 縦25.5cm の範囲内に描きます。

□ ページ数の書き方

「図面」は、わかりやすく描くことがポイントです。

「図面」の枚数は、制限はありません。だから、○○の作品の内容をわかりやすく描くために複数ページ（2枚、3枚、……）になっても結構です。

複数ページになったときは、右上にページ数「－1－」「－2－」、……、のように番号を付けます。

それでは、「図面」の描き方の形式にあてはめて説明図を描いてみましょう。

「図面」は、次のように描きます。

□（1）【書類名】の書き方

【書類名】は、「図面」の題名を「【書類名】　図面」と書きます。

□①「図の番号」の書き方

「図の番号」は、【図1】と書きます。

2つ以上の図があるときは、○○の作品の特徴をもっとも良くあらわす図を【図1】として、以下【図2】、【図3】、……、のように連続番号を付けます。

□② 図は、上下に並べて描く

第3章　誰でも書ける「特許」出願文章の まとめ方・書き方【書き方編】

◆「図面」の形式

```
○
【書類名】　図面
【図1】



【図2】



```

　2つ以上の図（図1、図2、……）を上下に並べて描きます。

　紙面の都合上、「図面」の描き方が規則通りになっていないのであらか
じめご了承ください。

□ ③ 図は、横に並べて描いてはいけない

◆「図面」の形式

```
×
【書類名】　図面
【図1】　　　　　　【図2】　　　　　　【図3】



```

　2つ以上の図（図1、図2、……）を横に並べて描いていけません。

□（2）「特許願」の「図面」のポイント

□ ① 特許の「図面」は、考えた○○の作品のポイントを示す説明図です。

113

□ ② 機械製図などの設計図のように、寸法通りに詳しく精密に描く必要はありません。

□ ③「図面」の訂正（手続きの補正）は、難しいので、工夫したところの要部は、斜視図（立体図）、断面図、拡大図などを描いてはっきり図示します。

□ ④ 権利範囲「特許請求の範囲」に書いている構成部分は、必ず図示します。

□ ⑤「図面」は、縮小されて印刷（公報に掲載）されます。

縮小印刷されてもはっきりわかる大きさで描いてください。

何枚（何ページ）になっても結構です。

□ ⑥ 用紙「A4（横21cm、縦29.7cm）サイズ」は、縦長に使用します。

□ ⑦「図面」は、用紙「A4（横21cm、縦29.7cm）サイズ」の横17cm、縦25.5cmを超えないように描きます。

□（3）特許の「図面」を描くときの注意

出願書類に付ける「図面」は、○○の作品の内容を説明するためのものです。

製図上でいう製作するときの「図面」とは目的が違います。

だから、詳しい表示は必要ありません。いや描いてはいけないのです。

要は発明の内容が審査官、読者に理解できるように描いてあればいいのです。したがって、「図面」は、○○の作品の内容によっていろいろなものが用いられています。

たとえば、機械の分野で機械的な作品には良くいう「平面図」とか、「斜視図」などの「図面」が用いられています。また、機械などをすえ付ける要領の説明をした「配置図」を用いるときもあります。

電気の分野で電気的なものは、どのように線を結ぶのか、……、そういった内容の説明図を描くときは「配線図」、「回路図」を使用すると便利です。

化学の分野で化学的な内容を説明するときは、その変化を示すための「グラフ」を使用するとわかりやすくなります。

材料の分野で金属の表面など、顕微鏡でなければあらわせないときは、「図面」のかわりに写真を付けてもいいことになっています。

□（4）特許の「図面」の描き方・施行規則の備考（抜粋）

□① 符号は、アラビア数字で書きます。大きさは、約5㎜平方とし、引き出し線「―――――1、―――――2、……」を引いて付けます。

□② 線の太さは、実線「―――――――」は、約0.4㎜（引出線は0.2㎜）点線「・・・・・・・・・・・・・・・・、および、鎖線「――― ・ ―――」は、約0.2㎜とします。

□③ 切断面には、平行斜線を引きます。

□④ 中心線「――― ・ ―――」は、引かないでください。
とくに、必要があるときは、引いても大丈夫です。

「図面」の描き方の参考文献は、拙著「これでわかる立体図の描き方（基礎と演習）（パワー社刊）」、「これでわかる―製図の基礎―第三角法・第一角法・立体図（パワー社刊）」などがあります。

9．消しゴムを付けた鉛筆「特許願」

□ ①「消しゴムを付けた鉛筆」の「願書」

「例．10,000 円＋1,000 円×4 枚＝14,000 円」

特 許	特 許	特 許	特 許	特 許
印 紙	印 紙	印 紙	印 紙	印 紙

（14,000円）
【書類名】　　　　　特許願
【整理番号】　　　　Ｐ－2018－01
【提出日】　　　　　平成○○年○月○○日
【あて先】　　　　　特許庁長官　殿
【国際特許分類】　　Ｂ43Ｋ29／02
【発明者】
　【住所又は居所】　○○都○○区○○町○丁目○番○号
　【氏名】　　　　　○○　　○○
【特許出願人】
　【識別番号】　　　○○○○○○○○○
　【住所又は居所】　○○都○○区○○町○丁目○番○号
　【氏名又は名称】　○○　　○○　　　　（印）又は〔識別ラベル〕
　【電話番号】　　　○○－○○○○－○○○○
【提出物件の目録】
　【物件名】　　　　明細書　　　　　　　1
　【物件名】　　　　特許請求の範囲　　　1
　【物件名】　　　　要約書　　　　　　　1
　【物件名】　　　　図面　　　　　　　　1

第3章　誰でも書ける「特許」出願文章のまとめ方・書き方【書き方編】

□ ②「消しゴムを付けた鉛筆」の「明細書」

－ 1 －

【書類名】　　　　明細書
【発明の名称】　消しゴムを付けた鉛筆
【技術分野】
　【０００１】
　本発明は、小さくなった消しゴムを使うとき、使いやすいように、鉛筆の軸の一端に消しゴムを取り付けた鉛筆に関するものである。
【背景技術】
　【０００２】
　従来、鉛筆と消しゴムは別々になっていた。
【先行技術文献】
　【特許文献】
【０００３】
　【特許文献１】　特開○○○○－○○○○○○号公報
　【特許文献２】　特開○○○○－○○○○○○号公報
【発明の概要】
　【発明が解決しようとする課題】
　【０００４】
　これは、次のような欠点があった。
（イ）従来、消しゴムは何度も使っていると、小さくなるので使いにくい。
（ロ）その消しゴムが必要になったとき、探しても小さくなっているので、消しゴムが見つけにくく、困ることが多かった。
　本発明は、以上のような欠点をなくすためになされたものである。
【課題を解決するための手段】
　【０００５】
　鉛筆の軸（１）の一端に筒（２）を取り付け、筒（２）に消しゴム（３）を取り付ける。

－2－

　本発明は、以上の構成よりなる消しゴムを付けた鉛筆である。
【発明の効果】
【０００６】
（イ）消しゴムが鉛筆の軸と一体になっているので、消しゴムが必要
　　になったときでも、探す手間が省ける。
（ロ）小さな消しゴムでも、鉛筆を柄とするため、使うのになんらさ
　　しつかえない。
【図面の簡単な説明】
　【０００７】
　　【図１】　本発明の分解斜視図である。
　　【図２】　本発明の斜視図である。
【発明を実施するための形態】
　【０００８】
　以下、本発明を実施するための形態について説明する。
　鉛筆の軸（１）の上部の一端に、金属性の円筒（２）を取り付ける。
　円筒（２）に円柱状の消しゴム（３）を差し込む。
　円筒（２）をかしめ、消しゴム（３）を鉛筆の軸（１）に固定する。
　本発明は、以上のような構成である。
　本発明を使用するときは、鉛筆の軸と一体になった、この小さな消
しゴムで、鉛筆の柄を持って、間違った文字などを消すことができる。
【符号の説明】
　【０００９】
　　１　鉛筆の軸
　　２　筒
　　３　消しゴム

第3章　誰でも書ける「特許」出願文章のまとめ方・書き方【書き方編】

□ ③「消しゴムを付けた鉛筆」の「特許請求の範囲」

【書類名】　要約書
【要約】
【課題】　本発明は、小さくなった消しゴムを使うとき、使いやすいように、鉛筆の軸の一端に消しゴムを取り付けた鉛筆を提供する。
【解決手段】　鉛筆の軸の一端に筒を取り付け、筒に消しゴムを取り付けた鉛筆を特徴とする。
【選択図】　図1

□ ④「消しゴムを付けた鉛筆」の「要約書」

【書類名】　特許請求の範囲
【請求項1】
　鉛筆の軸の一端に円筒を取り付け、円筒に円柱の消しゴムを取り付けた鉛筆。

119

□ ⑤「消しゴムを付けた鉛筆」の「図面」

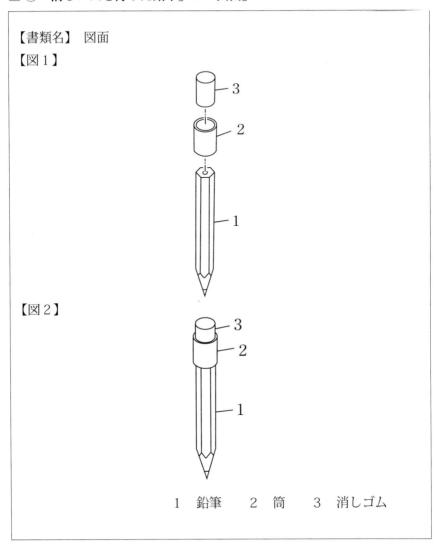

【書類名】　図面
【図1】

【図2】

1　鉛筆　　2　筒　　3　消しゴム

第3章　誰でも書ける「特許」出願文章のまとめ方・書き方【書き方編】

10.「小さな孔を開けた盃」の「特許願」

□ ①「小さな孔を開けた盃」の「願書」

「例.10,000円＋1,000円×4枚＝14,000円」

特　許	特　許	特　許	特　許	特　許
印　紙	印　紙	印　紙	印　紙	印　紙

（１４，０００円）
【書類名】　　　　　特許願
【整理番号】　　　　Ｐ－２０１８－０２
【提出日】　　　　　平成○○年○○月○○日
【あて先】　　　　　特許庁長官　殿
【国際特許分類】　　Ａ４７Ｇ１９／２２
【発明者】
　【住所又は居所】　○○都○○区○○町○丁目○番○号
　【氏名】　　　　　○○　　○○
【特許出願人】
　【識別番号】　　　○○○○○○○○○
　【住所又は居所】　○○都○○区○○町○丁目○番○号
　【氏名又は名称】　○○　　○○　　　　　　（印）又は〔識別ラベル〕
　【電話番号】　　　○○－○○○○－○○○○
【提出物件の目録】
　【物件名】　　　　明細書　　　　　　　１
　【物件名】　　　　特許請求の範囲　　　１
　【物件名】　　　　要約書　　　　　　　１
　【物件名】　　　　図面　　　　　　　　１

※「願書」は、用紙「Ａ４（横21cm、縦29.7cm）サイズ」の上方に６cm、左右、下に各２cmの余白を取ります。

121

□ ②「小さな孔を開けた盃」の「明細書」

― 1 ―

【書類名】　　　明細書
【発明の名称】　小さな孔を開けた盃
【技術分野】
　【０００１】
　本発明は、盃の底の中央に小さな孔を開けた盃に関するものである。
【背景技術】
　【０００２】
　従来、お酒を飲むときに使用する盃は、小さい容器のものが一般的であった。
　盃の底に小さな孔が開いたものはなかった。
　たとえば、特許文献、特開○○○○－○○○○○○号公報。
【先行技術文献】
　【特許文献】
　【０００３】
　【特許文献１】　特開○○○○－○○○○○○号公報
　【特許文献２】　特開○○○○－○○○○○○号公報
【発明の概要】
　【発明が解決しようとする課題】
　【０００４】
　これは、次のような欠点があった。
（イ）お酒が飲めない人は、いつまでたっても盃をテーブルの上に置いたままである。
（ロ）お店の売り上げは、少しも上がらない。
（ハ）お酒が弱い人、たくさんの人からお酒をついでもらう人は、飲みすぎたりするので、他の容器に移したりしていた。

※「明細書」の用紙「Ａ４（横21㎝、縦29.7㎝）サイズ」の左右、上下に各２㎝の余白を取ります。

122

第3章　誰でも書ける「特許」出願文章のまとめ方・書き方【書き方編】

－2－

（ニ）これは先方に対して失礼なことであった。
　本発明は、以上のような欠点をなくすために考えたものである。
【課題を解決するための手段】
【０００５】
　盃（１）の底に孔（２）を開けた底の中央に小さな孔を開ける。
　本発明は、以上の構成よりなる小さな孔を開けた盃である。
【発明の効果】
【０００６】
（イ）お酒が弱い人、たくさんの人からお酒をついでもらう人は、卓
　　下に別の容器を置いといて相手にわからないように容器の上に盃
　　を持ち孔をふさいでいた指を外すと他の容器に移したりすること
　　ができる。
（ロ）お酒を飲み干さないとテーブルの上に置くことができないの
　　で、お酒がたくさん売れるようになる。
（ハ）お酒の宴席を盛り上がるための小道具としても使える。
【図面の簡単な説明】
　【０００７】
　【図１】　本発明の断面図である。
　【図２】　本発明の使用状態を示した断面図である。
【発明を実施するための形態】
　【０００８】
　以下、本発明の実施をするための形態について説明する。
　盃（１）の底の中央に小さな孔（２）を開ける。
　本発明は、以上のような構成である。
　本発明を使用するときは、盃（１）に底の中央の小さな孔（２）を
指（３）でふさいでお酒をついでもらう。

※１行は、４０字です。１ページは、５０行以内でまとめます。

－3－

　置くときは、お酒を飲み干さないとテーブルの上に置くことができない。

　飲めないときは、他の人にわからないように孔をふさいでいた指を外して別の容器にお酒を移せば良い。

　符号の説明】

【0009】

　　1　盃
　　2　孔
　　3　指

第3章　誰でも書ける「特許」出願文章のまとめ方・書き方【書き方編】

□③「小さな孔を開けた盃」の「特許請求の範囲」

【書類名】　特許請求の範囲
【請求項1】
　盃の底に孔を開けた盃。

□④「小孔を開けた盃」の「要約書」

【書類名】　要約書
【要約】
【課題】　盃の底の中央に小さな孔を開けた盃を提供する。
【解決手段】　盃の底に孔を開けたことを特徴とする。
【選択図】　図1

※「要約書」は、全体を400字以内でまとめます。

□ ⑤「小さな孔を開けた盃」の「図面」

【書類名】 図面
【図1】

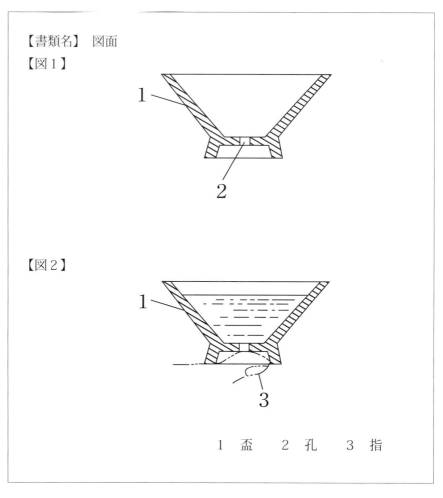

1 盃　2 孔　3 指

※「図面」は、用紙「A4（横21cm、縦29.7cm）サイズ」の横17cm、縦25.5cmの範囲に描きます。

第3章　誰でも書ける「特許」出願文章のまとめ方・書き方【書き方編】

11. 「特許願」の書類の書き方のチェックリスト

「特許願」の書類ができたら、出願する前に次のことをチェックしてください。

□（1）「願書」のチェック項目

	〔YES・NO〕	チェックの内容
①	□ ・ □	□ 用紙は、正しく使っていますか。
②	□ ・ □	□ 特許印紙の額（14,000円）は、正しく書いていますか。
③	□ ・ □	□【整理番号】の書き方は、１０文字以下になっていますか。「例．Ｐ－２０１８－０１」
④	□ ・ □	□【提出日】は、特許庁に提出する日付（年 月 日）になっていますか。
⑤	□ ・ □	□【発明者】の【住所又は居所】【氏名】は、正しく書いていますか。
⑥	□ ・ □	□【特許出願人】の【住所又は居所】【氏名又は名称】は、正しく書いていますか。
⑦	□ ・ □	□ 都道府県、番地など省略せずに書いていますか。
⑧	□ ・ □	□【特許出願人】の印鑑は、朱肉印を使っていますか。

□（2）「明細書」のチェック項目

	〔YES・NO〕	チェックの内容
①	□・□	□ 用紙は、正しく、使っていますか。
②	□・□	□【発明の名称】……簡単・明瞭に表現されていますか。 □【技術分野】【０００１】 　あらまし（概要）が示されていますか。 □【背景技術】【０００２】 □【先行技術文献】 　【特許文献】【０００３】
③	□・□	□【発明の概要】 □【発明が解決しようとする課題】【０００４】 　従来技術とその欠点、発明の目的が示されていますか。 □【課題を解決するための手段】【０００５】 □【発明の効果】【０００６】 上記項目の各部が関連づけられていますか。
④	□・□	□【図面の簡単な説明】【０００７】 □【図１】、【図２】の説明は、○○図と書いていますか。 　「○○図」のところは、たとえば、正面図、平面図、側面図、底面図、断面図、斜視図、分解斜視図、……、というように、図面の説明ごとに行を改めて書いていますか。
⑤	□・□	□【発明を実施するための形態】【０００８】 　各部が関連づけられていますか。
⑥	□・□	□【符号の説明】【０００９】 　要部の名称の説明を書いていますか。

□（3）「特許請求の範囲」のチェック項目

〔YES・NO〕	チェックの内容
□・□	□「特許請求の範囲」 □ ① 構成要件が示されていますか。 □ ② 発明の構成（しくみ）に欠くことのできない 　　事項が書かれていますか。 □ ③ 各部構成が関連づけられていますか。 □ ④ 各要部の名称だけ並べて書いていませんか。 □ ⑤ 一文の形態が整っていますか。

□（4）「要約書」のチェック項目

	〔YES・NO〕	チェックの内容
①	□・□	□ 用紙は、正しく使っていますか。
②	□・□	□【課題】の説明は、わかりやすいですか。 （〜を提供する。）
③	□・□	□【解決手段】の説明は、わかりやすいですか。 「〜を特徴とする。」
④	□・□	□【選択図】の選び方は、いいですか。 　たとえば、「【選択図】　図1」のように書い ていますか。

□（5）「図面」のチェック項目

	〔YES・NO〕	チェックの内容
①	□・□	□ 用紙は、正しく使っていますか。
②	□・□	□ 図の番号を【図1】、【図2】、……、のように書 いていませんか。
③	□・□	□【正面図】、【断面図】のように図面の名称を書 いていませんか。
④	□・□	□ 符号（数字）を書いていませんか。
⑤	□・□	□ 符号（数字）でなく要部の名称のみを書いてい ませんか。
⑥	□・□	□ 各図は、横15㎝、縦24.5㎝の範囲内に描いて いませんか。

12. 「特許願」の提出先・書類のとじ方

　5つの書類「願書」、「明細書」、「特許請求の範囲」、「要約書」を順番に
かさねます。左側をホッチキスでとじます。

　特許庁に書留の郵送、または、持参して提出します。

　提出した日が出願日になります。書留の郵便で出願するときは、郵便局
で受け付けた日が出願日になるので封書に貼った切手に日付印（消印）を
はっきり押してもらうようにしましょう。

□「特許願」の提出先

□（1）書留の郵便	〒 100-8915 東京都千代田区霞が関 3-4-3 特許庁長官 殿　「特許願」在中
□（2）特許庁に持参	〒 100-8915 東京都千代田区霞が関 3- 4- 3 「特許庁　出願課受付」 TEL（03）3581-1101

第3章　誰でも書ける「特許」出願文章のまとめ方・書き方【書き方編】

□ 書類のとじ方

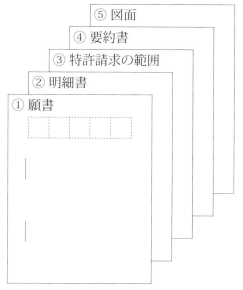

※ 書類を重ねて、左側をホッチキスでとじます。

□「書類のとじ方」のチェック項目

〔YES・NO〕	チェックの内容
□・□	□ 書類の順番は、正しいですか。 ① 願書、② 明細書、③ 特許請求の範囲、④ 要約書、⑤ 図面の順になっていますか。

第４章

誰でも書ける「特許」出願文章の
まとめ方・書き方【練習編】

【豆知識】

■ 発明の世界にも「３Ｋ」がある（⁉）

「発明」の世界には、○○の作品が製品になるための「３Ｋ」があります。

「１Ｋ」は、物品の形状（デザイン）が「かわいい」ことです。

　実用性だけでなく、物品の形状（デザイン）にも工夫が必要です。

「２Ｋ」は、「簡単」なことです。

　見た瞬間、そのポイントがわかる簡単明瞭な○○の作品は売れます。

「３Ｋ」は、「買いやすい」ことです。

　こんなに便利です。だから、少しぐらい高くても買ってくれるだろう。

　……、と発明者の勝手な思い込みはいけません。

　衝動買いができる安価な方が売れる確率は高いです。

1.「特許願」の書類、実際に書いてみよう
練習問題（1）・「角柱と円柱を組み合わせた一対の拍子木」

　練習問題（1）は、角柱と円柱を組み合わせた一対の拍子木です。
　夜まわりをするときに使用する、従来の角柱と角柱を組み合わせた一対の拍子木を改良した作品です。
　角柱と円柱を組み合わせた一対の拍子木です。
　いままでの角柱と角柱を組み合わせた一対の拍子木を使うときは、互いに角柱の面と角柱の面を打ち合わせて、音を発します。
　だから、美しい同一音を連続的に発するためには、ある程度の練習と技術が必要でした。
　そこで、角柱と角柱の一対の拍子木の一方を円柱にして、角柱と円柱を組み合わせ、角柱と円柱をひもで結んだ一対の拍子木を考えました。
　さらに、誰が使っても、同一音を簡単に発することができるように工夫しました。ポイントは、角柱と円柱を組み合わせたことです。
　角柱と円柱を組み合わせると、打ち合わせるとき、角柱の面と円柱の線で接触します。
　したがって、本発明の拍子木は、誰が使っても、すぐに、美しい同一音を連続的に発することができるようになります。

　「特許願」の「明細書」は、○○の作品を、どのような目的で考えたのか。
　発明の概要（あらまし）、いままでにどんな物品の形状、構造のものがあったのか（従来の技術背景）、それには、どんな課題（問題点）があったのかを書きます。
　次に、この課題を解決するために、どのような物品の形状にしたのか、どのような構造にしたのか。
　その解決方法（手段）を書きます。続いて使い方を書きます。
　その結果、どのような「発明の効果」が生まれたのか。……、を書きます。

第4章　誰でも書ける「特許」出願文章のまとめ方・書き方【練習編】

【発明の名称】　角柱と円柱を組み合わせた拍子木

【技術分野】　発明のあらまし（アウトライン）を書く

　本発明は、夜まわりをするときに使用する角柱と角柱を組み合わせた一対の拍子木を改良した発明で、角柱と円柱を組み合わせた一対の拍子木である。

【背景技術】　従来の技術を書く

　従来の拍子木は、角柱と角柱を組み合わせた一対のものであった。

　角柱と角柱を組み合わせた一対の拍子木は、観光地のおみやげ店なので、店先に吊して売っている。そのことを多くの人が知っている。

　だから、拍子木を独占し、製造販売することはできない。

【発明が解決しようとする課題】　従来の欠点をあげる

　これは、次のような欠点があった。

（イ）従来の角柱と角柱を組み合わせた一対の拍子木は、互いに角柱の面と角柱の面を打ち合わせて、音を発するため手元が少し斜めになると、角柱の打つ面と面の面積が異なるので同一音が出なかった。

（ロ）角柱と角柱を組み合わせた一対の拍子木を使ったとき、美しい同一音を簡単に連続的に発することは難しかった。

（ハ）初めて使う人は、ある程度練習をしなければ同一音を連続的に発することは難しかった。

　本発明は、以上のような欠点をなくすために考えたものである。

【発明を解決するための手段】　改良して生まれた作品の構造を書く

　角柱（1）と角柱（1）を組み合わせた一対の拍子木の一方を円柱（2）にした拍子木である。

　ポイントは、角柱と円柱を組み合わせたことである。

　角柱（1）と円柱（2）をひもで結んだ拍子木である。

　さらに、誰が使っても同一音を簡単に連続的に発することができるように工夫したのである。

【発明の効果】　効能を書く

（イ）拍子木の一方の角柱（1）の面と、他方の円柱（2）の線で打ち合うことができるので、手元はいつも同じ状態で打ち合うことができる。

（ロ）いつも同じ音を発するため、練習をしなくても、初心者でも簡単に美しい同一音を連続的に発することができる。

【発明を実施するための形態】　実施例、利用法などを書く

　なお、握り部（4）を取り付け、握り部（4）を人形のこけしのように男女の頭形にしてもいい。

●「図面（説明図）」

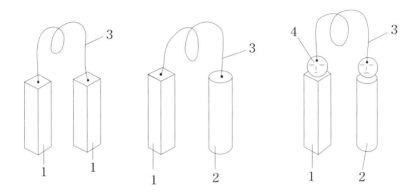

　符号は、「1 角柱、2 円柱、3 ひも、4 握り部」です。

　斜視図「立体図」を描くための参考文献は、拙著「これでわかる立体図の描き方（基礎と演習）」（パワー社刊）、「これでわかる－製図の基礎－第三角法・第一角法・立体図」（パワー社刊）などがあります。

　それを続けて書いてください。すると、「特許」の「明細書」になります。

　それでは、「角柱と円柱を組み合わせた拍子木」の「特許願」の書類の文章を一緒に書いてみましょう。

　「書類」は、○○○○である。～調でまとめるため、個々でも、～である。調でまとめました。

● 関連の情報を集めましょう

◆ 題材「角柱と円柱を組み合わせた拍子木」の先行技術（先願）を調べてみよう

□ 先行技術（先願）を調べよう

　練習問題（1）は、角柱と円柱を組み合わせた一対の拍子木です。「特許情報プラットフォーム（J-PlatPat）」を開いて、拍子木について、どのような先行技術（先願）があるか、調べてみましょう。

□ 売り込み「プレゼン」をしたい第一志望の会社、決めているか

　売り込みたい第一志望の会社、決めていますか。……、まだですか。それでは、先行技術（先願）を調べながら、会社で出願しているところをチェックしましょう。発明に興味をもっている会社です。新しい作品（新製品）を開発するために、熱心に取り組んでいる会社です。

　そこの会社のホームページを見てください。業務の内容が紹介されています。……、売り込み「プレゼン」をしたい会社が見つかります。目標の第一志望の会社にすればいいのです。さらに、会社に、気に入ってもらえるように、傾向と対策を練りましょう。

　→「特許・実用新案、意匠、商標の簡易検索」の「特許・実用新案を探す」の「入力ボックス」に検索のキーワードをワード（Word）で、入力します。

「検索キーワードボックス」　　　　　　　　「検索方式」

	ＡＮＤ

「検索キーワードボックス」に発明の技術用語を入力します。

　たとえば、| 拍子木　　　　　　　　　　　 | と入力します。

　検索方式は「ＡＮＤ」になっています。「ＯＲ」でも検索できます。「検索」をクリックしてください。

　→ヒット件数が「○○件」と表示されます。

　右側の「一覧表示」をクリックしてください。

　→「文献番号、発明の名称、出願人」などが表示されます。

　→「文献番号」をクリックしてください。

「発明」の「書誌＋要約＋請求の範囲」が表示されます。

情報が見つかります。

□「明細書」の形式に内容を整理しよう

　ここで、拍子木の形状、構造を比べるのです。

　従来の問題（欠点）は、工夫したところは、「発明の効果」は、……、個条書きでいいです。「明細書」の形式に、「角柱と円柱を組み合わせた拍子木」の内容を整理しましょう。

□①「角柱と円柱を組み合わせた拍子木」の「願書」

「例.10,000円＋1,000円×4枚＝14,000円」

特　許	特　許	特　許	特　許	特　許
印　紙	印　紙	印　紙	印　紙	印　紙

（14,000円）
【書類名】　　　　　特許願
【整理番号】　　　　Ｐ－２０１８－０３
【提出日】　　　　　平成○○年○月○○日
【あて先】　　　　　特許庁長官　殿
【国際特許分類】　　Ｇ１０Ｋ１／０７
【発明者】
　【住所又は居所】　○○都○○区○○町○丁目○番○号
　【氏名】　　　　　○○　○○
【特許出願人】
　【識別番号】　　　○○○○○○○○○
　【住所又は居所】　○○都○○区○○町○丁目○番○号
　【氏名又は名称】　○○　○○　　　　　　（印）又は〔識別ラベル〕
　【電話番号】　　　○○－○○○○－○○○○
【提出物件の目録】
　【物件名】　　　　明細書　　　　　　　　１
　【物件名】　　　　特許請求の範囲　　　　１
　【物件名】　　　　要約書　　　　　　　　１
　【物件名】　　　　図面　　　　　　　　　１

※「願書」の用紙「Ａ４（横21cm、縦29.7cm）サイズ」の上方に６cm、左右、下に各２cmの余白を取ります。

第4章　誰でも書ける「特許」出願文章のまとめ方・書き方【練習編】

□ ②「角柱と円柱を組み合わせた拍子木」の「明細書」

－1－

【書類名】　　　明細書
【発明の名称】　角柱と円柱を組み合わせた拍子木
【技術分野】
　【０００１】
　本発明は、角柱と角柱を組み合わせた一対の拍子木の一方を円柱にして、角柱と円柱をひもで結んで、誰でも同一音を連続的に発することができるようにした角柱と円柱を組み合わせた拍子木に関するものである。
【背景技術】
　【０００２】
　従来の角柱と角柱を組み合わせた一対の拍子木は、角柱と角柱を組み合わせて、ひもで結んだ拍子木であった。
【先行技術文献】
　【特許文献】
　【０００３】
　【特許文献１】　特許文献、特開○○○○－○○○○○○号公報
　【特許文献２】　特許文献、特開○○○○－○○○○○○号公報
【発明の概要】
　【発明が解決しようとする課題】
　【０００４】
　これは、次のような欠点があった。
（イ）従来の一対の拍子木は、互いに角柱の面と角柱の面を打ち合わせて、音を発するため手元が少し斜めになると打つ面と面の面積が異なるので同一音が出なかった。
（ロ）この一対の拍子木を使ったとき、美しい同一音を容易に連続的に発するたことは難しかった。

※「明細書」の用紙「Ａ４（横21cm、縦29.7cm）サイズ」の左右、上下に各2cmの余白を取ります。

139

－2－

（ハ）初めて使う人は、ある程度練習をしなければ同一音を連続的に発
　　することは難しかった。
　本発明は、以上のような欠点をなくすために考えたものである。
【課題を解決するための手段】
【０００５】
　角柱（１）と角柱（１）を一対の拍子木の一方を円柱（２）にして、
角柱（１）と円柱（２）の一対をひも（３）で結ぶ。
　本発明は、以上の構成よりなる角柱と円柱を組み合わせた拍子木であ
る。
【発明の効果】
【０００６】
（イ）本発明の一対の拍子木は、角柱の面と、円柱の線で打ち合うこと
　　ができるので、手元はいつも同じ状態で打ち合うことができる。
（ロ）いつも同じ音を発することができるため、練習をしなくても、初
　　心者でも簡単に美しい同一音を連続的に発することができる。
【図面の簡単な説明】
【０００７】
【図１】　本発明の斜視図である。
【図２】　本発明の他の実施例を示した斜視図である。
【図３】　従来の拍子木の斜視図である。
【発明を実施するための形態】
【０００８】
　以下、本発明の実施をするための形態について説明する。
　一対の拍子木の一方を角柱（１）にして、他方を円柱（２）にして、
角柱（１）と円柱（２）をひも（３）で結んだ角柱と円柱を組み合わせ
た拍子木である。

※１行は、４０字です。１ページは、５０行以内でまとめます。

140

－3－

　本発明は、以上のような構成である。

　本発明を使用するときは、拍子木を両手で持って、角柱（1）の面と、円柱（2）の線を打ち合わせる。

　本発明の拍子木は、一方が角柱であり、他方が円柱であるから打ち合うところは、角柱の面と角柱の面の接触ではなく、角柱の面と円柱の線の接触である。

　だから、いつも同じ音を発することができるため、練習をしなくても、初心者でも簡単に美しい同一音を連続的に発することができる。

　なお、図2に示す握り部（4）を取り付け、握り部（4）を人形のこけしのように男女の頭形にしてもいい。

【符号の説明】

【0009】

　　1　角柱

　　2　円柱

　　3　ひも

　　4　握り部

□ ③「角柱と円柱を組み合わせた拍子木」の「特許請求の範囲」

【書類名】 特許請求の範囲
【請求項1】
　角柱と角柱を組み合わせた一対の拍子木の一方を円柱にして、角柱と円柱を組み合わせた拍子木。

□ ④「角柱と円柱を組み合わせた拍子木」の「要約書」

【書類名】 要約書
【要約】
【課題】 角柱と角柱を組み合わせた一対の拍子木の一方を円柱にして、角柱と円柱の木をひもで結び、誰でも同一音を連続的に発することができるようにした角柱と円柱を組み合わせた拍子木を提供する。
【解決手段】 角柱と角柱を組み合わせた一対の拍子木の一方を円柱にして、角柱と円柱を組み合わせひもで結んだことを特徴とする。
【選択図】 図1

※「要約書」は、全体を400字以内でまとめます。

□ ⑤ 「角柱と円柱を組み合わせた拍子木」の「図面」

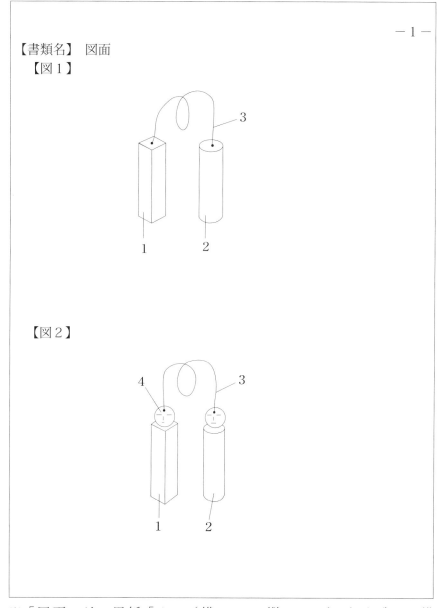

※「図面」は、用紙「A4（横21cm、縦29.7cm）サイズ」の横17cm、縦25.5cmの範囲に描きます。

【図3】

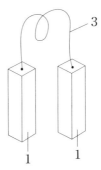

1　角柱　　2　円柱　　3　ひも　　4　握り部

第4章　誰でも書ける「特許」出願文章の まとめ方・書き方【練習編】

２．「特許願」の書類、実際に書いてみよう
　　練習問題（２）・「ハートの形のバケツ」

　練習問題（２）は、ハートの形のバケツです。

　水をくむときに使う円筒形のバケツの形状をハートの形にしたバケツです。

　いままで、どういった形状のバケツがあったか、どういった構造のバケツがあったか、気になります。

　そこで、特許庁の「特許情報プラットフォーム（J-PlatPat）」、専門店、量販店などで、チェックをしました。

　大きさは、大、中、小ありました。色、材質、下げ手などいろいろなものがありました。さらに、いままでのバケツの欠点は、どこか、何か、……、と欠点列挙法で調べてみました。

　すると、次のようなことがわかりました。

（イ）小さな口の容器に水などを移すとき、注ぎ口がないため容器の横から水がこぼれます。

（ロ）容器の中に水などを入れて、バケツを手で下げたとき、バケツの外形が円筒形です。それで、腰に上手くフィットしません。それで、持ちにくいことです。

　以上のような欠点がありました。

　以上のような欠点をなくすのが、発明の目的です。

　そこで、バケツ本体の形状をハートの形にしました。

　それが、作品の構造です。

　そうすると、最後の【発明の効果】は、容器の一部のＶ字形の凸部がとがっています。

　だから、バケツの中身を小さな容器などに移しかえるとき、中身が容器の横からこぼれることがなく、簡単に移すことができるというわけです。

　また、外形がハートの形です。だから、バケツを手で下げたとき、凹部が腰に上手くフィットして、下げやすく、持ちやすくなります。

　それが、【発明の効果】です。

なるほど、と感心させられる作品です。
　それを続けて書けばいいのです。すると、「特許」の「明細書」が書けます。
　このハートの形のバケツが見た目も美しく、室内装飾の容器にもなり、それが若い女の子に受けてヒット商品になったのです。
　発売当初には、半年で約14万個も売れたそうです。

　【発明の名称】　ハートの形のバケツ
　【技術分野】　発明のあらまし（アウトライン）を書く
　本発明は、円筒形のバケツ本体の形状をハートの形にしたバケツに関するものである。
　【背景技術】　従来の技術を書く
　従来、バケツ本体の形状は円筒形だった。
　【発明が解決しようとする課題】　従来の欠点をあげる
　これは、次のような欠点があった。
（イ）バケツ本体の形状が円筒形のため、バケツを手で下げたとき、腰に
　　　上手く、くっつかないので手で下げにくかった。
（ロ）他の容器に、バケツの中の水などを移しかえるとき、中身がこぼれ
　　　やすかった。
　本発明は、以上のような欠点をなくすために考えたものである。
　【発明を解決するための手段】　改良して生まれた作品の構造を書く
　バケツ本体（1）の側部の一部にV字形の凹部（2）にして、V字形の凹部（2）の対面に、V字形の凸部（3）にして、バケツ本体（1）の横断面の形状をハートの形にした。
　【発明の効果】　効能を書く
（イ）バケツ本体がハートの形状なので腰にピッタリくっついて手で下げ
　　　て持ちやすくなった。
（ロ）他の容器に、バケツの中の水などを移しかえるとき、V字形の凸部
　　　（3）が注ぎ口になり、水の流れの幅が狭くなるので、口径の小さな
　　　容器へも簡単に移すことができる。

(ハ) 全体がハートの形なので、見た目も美しく、室内装飾の容器にもなる。
(ニ) ハートの形は、他の円筒の容器にも利用することができる。

【発明を実施するための形態】 実施例、利用法などを書く

　全体の形状がハートの形なので、見た目も美しく、室内の装飾の容器にもなる。

　このハートの形状は、他の円筒容器にも利用することができる。

● 図面（説明図）

 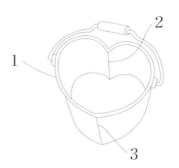

　符号は、「1　バケツ本体、2　V字形の凹部、3　V字形の凸部」です。

　斜視図「立体図」を描くための参考文献は、拙著「これでわかる立体図の描き方（基礎と演習）」（パワー社刊）、「これでわかる－製図の基礎－第三角法・第一角法・立体図」（パワー社刊）などがあります。

　それを続けて書いてください。すると、「特許」の「明細書」になります。

　それでは、「ハートの形のバケツ」の要点を整理して、「特許願」の書類の文章を一緒に書いてみましょう。

「明細書」は、〇〇〇〇である。～調でまとめるため、個々でも、～である。調でまとめました。

● 関連の情報を集めましょう

◆ 題材「バケツ」の先行技術（先願）を調べてみよう

□ 先行技術（先願）を調よう

　練習問題です。「特許情報プラットフォーム（J-PlatPat）」を開いて、バケツについて、どのような先行技術（先願）があるか、調べてみましょう。

□ 売り込み「プレゼン」をしたい第一志望の会社、決めているか

　売り込み「プレゼン」をしたい第一志望の会社、決めていますか。

　……、まだですか。それでは、先行技術（先願）を調べながら、会社で出願しているところをチェックしましょう。発明に興味をもっている会社です。新製品を開発するために、熱心に取り組んでいる会社です。

　そこの会社のホームページを見てください。業務の内容が紹介されています。……、売り込み「プレゼン」をしたい会社が見つかります。目標の第一志望の会社にしてください。さらに、会社に、気に入ってもらえるように、傾向と対策を練りましょう。

　→「特許・実用新案、意匠、商標の簡易検索」の「特許・実用新案を探す」の「入力ボックス」に検索のキーワードをワード（Word）で、入力します。

　　　　　「検索キーワードボックス」　　　　　「検索方式」

　　　　　　| |　　　　　　　　　| ＡＮＤ |

「検索キーワードボックス」に発明の技術用語を入力します。

　たとえば、| バケツ　容器　水　形状 |　と入力します。

　検索方式は「ＡＮＤ」になっています。「ＯＲ」でも検索できます。

「検索」をクリックしてください。

　→ヒット件数が「○○件」と表示されます。

　右側の「一覧表示」をクリックしてください。

　→「文献番号、発明の名称、出願人」などが表示されます。

　→「文献番号」をクリックしてください。

「発明」の「書誌＋要約＋請求の範囲」が表示されます。

　情報が見つかります。

第4章　誰でも書ける「特許」出願文章の まとめ方・書き方【練習編】

□「明細書」の形式に内容を整理しよう

　ここで、バケツの形状、構造を比べるのです。

　従来の問題（欠点）は、工夫したところは、「発明の効果」は、……、
個条書きでいいです。「明細書」の形式に、「バケツ」の内容を整理しま
しょう。

□①「ハートの形のバケツ」の「願書」

「例 .10,000 円＋ 1,000 円× 4 枚＝ 14,000 円」

特　許	特　許	特　許	特　許	特　許
印　紙	印　紙	印　紙	印　紙	印　紙

（１４，０００円）

【書類名】	特許願	
【整理番号】	Ｐ－２０１８－０４	
【提出日】	平成○○年○月○○日	
【あて先】	特許庁長官　殿	
【国際特許分類】	Ａ４７Ｊ４７／１８	
【発明者】		
【住所又は居所】	○○都○○区○○町○丁目○番○号	
【氏名】	○○　○○	
【特許出願人】		
【識別番号】	○○○○○○○○○	
【住所又は居所】	○○都○○区○○町○丁目○番○号	
【氏名又は名称】	○○　○○	(印) 又は 〔識別ラベル〕
【電話番号】	○○－○○○○－○○○○	
【提出物件の目録】		
【物件名】	明細書	1
【物件名】	特許請求の範囲	1
【物件名】	要約書	1
【物件名】	図面	1

※「願書」の用紙「Ａ４（横21cm、縦29.7cm）サイズ」の上方に
　６cm、左右、下に２cmの余白を取ります。

□ ②「ハートの形のバケツ」の「明細書」

－ 1 －

【書類名】　　　　明細書
【発明の名称】　ハートの形のバケツ
【技術分野】
　【０００１】
　本発明は、円筒形のバケツ本体の横断面の形状をハートの形にしたバ
ケツに関するものである。
【背景技術】
　【０００２】
　従来、バケツ本体の形状は円筒形だった。
【先行技術文献】
　【特許文献】
　【０００３】
　【特許文献１】　特許文献、特開○○○○－○○○○○○号公報
　【特許文献２】　特許文献、特開○○○○－○○○○○○号公報
【発明の概要】
　【発明が解決しようとする課題】
　【０００４】
　これは、次のような欠点があった。
（イ）バケツ本体の形状が円筒形のため、バケツを手で下げたとき、腰
　に上手く、くっつかないので、下げにくかった。
（ロ）他の容器に、バケツの中の水などを移しかえるとき、中身がこぼ
　れやすかった。
　本発明は、以上のような欠点をなくすために考えたものである。
　【課題を解決するための手段】

※「明細書」の用紙「Ａ４（横21cm、縦29.7cm）サイズ」の左右、上
　下に２cmの余白を取ります。

第4章　誰でも書ける「特許」出願文章の まとめ方・書き方【練習編】

－2－

【０００５】

　バケツ本体（１）の側部の一部にＶ字形の凹部（２）にして、Ｖ字形
の凹部（２）の対面を、Ｖ字形の凸部（３）にして、バケツ本体（１）
の横断面の形状をハートの形にする。

　本発明は、以上のような構成よりなるハートの形のバケツである。

【発明の効果】

【０００６】

（イ）バケツ本体をハートの形にしたので、凹部（２）の部分が腰に
　　　ピッタリくっついて、手で下げて持ちやすくなった。

（ロ）他の容器に、バケツの中の水などを移しかえるとき、Ｖ字型の凸
　　　部（３）が注ぎ口になり、水の流れの幅が狭くなるので口径の小さ
　　　な容器へも簡単に移すことができる。

（ハ）バケツがハートの形なので、見た目も美しく、室内装飾の容器に
　　　もなる。

（ニ）ハートの形状は、他の円筒の容器にも利用することができる。

【図面の簡単な説明】

【０００７】

【図１】　本発明の斜視図である。

【図２】　円筒形のバケツの斜視図である。

【発明を実施するための形態】

【０００８】

　以下、本発明の実施をするための形態について説明する。

　バケツ本体（１）の側部の一部にＶ字形の凹部（２）にして、Ｖ字形
の凹部（２）の対面を、Ｖ字形の凸部（３）にする。

※１行、４０字です。１ページ、５０行以内でまとめます。

151

－3－

バケツ本体（1）の横断面の形状をハートの形にした。

本発明は、以上のような構成である。

本発明を使用するときは、バケツ本体（1）の側部の一部にV字形の凹部（2）を腰に当て、手で下げる。

また、別の容器に、中の水などを移すとき、V字形の凸部（3）が注ぎ口になり、水の流れの幅が狭くなるので、口径の小さな容器にも簡単に移すことができる。

【符号の説明】

【0009】

　1　バケツ本体

　2　V字形の凹部

　3　V字形の凸部

第4章　誰でも書ける「特許」出願文章のまとめ方・書き方【練習編】

□ ③「ハートの形のバケツ」の「**特許請求の範囲**」

【書類名】　特許請求の範囲
【請求項1】
　バケツ本体の側部の一部にＶ字形の凹部にして、Ｖ字形の凹部の対面をＶ字形の凸部にしたバケツ本体の横断面の形状をハートの形にしたバケツ。

□ ④「ハートの形のバケツ」の「**要約書**」

【書類名】　要約書
【要約】
【課題】　円筒形のバケツ本体から他の容器に、バケツの中の水などを移すとき、手で下げるとき、持ちやすいように円筒形のバケツ本体を、ハートの形にしたバケツを提供する。
【解決手段】　バケツ本体の側部の一部にＶ字形の凹部にして、Ｖ字形の凹部の対面をＶ字形の凸部にしたことを特徴とする。
【選択図】　図1

　※「要約書」は、全体を400字以内でまとめます。

153

□⑤「ハートの形のバケツ」の「図面」

【書類名】 図面
【図1】

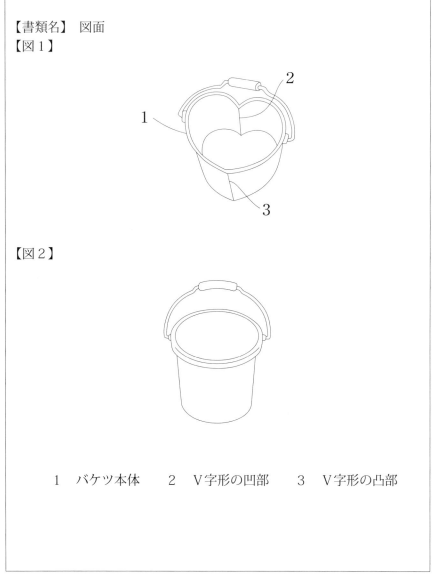

【図2】

1　バケツ本体　　2　V字形の凹部　　3　V字形の凸部

※「図面」は、用紙「Ａ４（横21cm、縦29.7cm）サイズ」の横17cm、縦25.5cmの範囲に描きます。

3．売り込みの手紙のまとめ方・見本

（1）手紙の書き方《文例・1》

○○○○株式会社

社外アイデア　企画開発担当者様

手紙を見ていただきましてありがとうございます。

拝　啓

貴社ますますご隆盛のここと、お喜び申し上げます。

いつも、御社の商品、○○を愛用させていただいております。

その便利さに感謝しています。さて、今回、○○の作品を考えました。

ご批評をお願いしたく、お手紙を書きました。

この○○の作品は、……（内容をわかりやすく書く）…………………
……………………………………………………。

すでに、手作りで、試作品を作り、何カ月も使っています。

図面（または、試作品の写真）を同封します。ごらんください。

企画開発部の方で、ご検討ください。

よろしくお願いいたします。

まずはお願いまで、

敬　具

〒

住所（フリガナ）

氏名（フリガナ）　　　（　歳）

TEL

FAX

E‐Mail

簡単な自己紹介を書くと効果的です。
出身地、趣味、得意な分野などを書くだけでもいいと思います。
「経験値」、「得意技」をＰＲしてください。
担当者も返事がしやすいと思います。

最後まで、ご一読いただきましてありがとうございました。
心から深謝いたします。

（2）手紙の書き方《文例・2》

○○○○　株式会社
社外アイデア　企画担当者　様

手紙を見ていただきましてありがとうございます。

拝　啓
時下ますますご清栄のこととお喜び申し上げます。
さて、私の趣味は発明です。新しい作品（新製品）を創作することです。
今回、角柱と角柱を組み合わせた一対の拍子木の一方を円柱にして、角柱と円柱をひもで結んだ拍子木を考えました。
角柱と円柱を組み合わせた一対の拍子木が製品化できる可能性があるかどうか、ご検討をお願いしたく、手紙をお送りさせていただきました。
突然ですがお許しください。
作品の内容を簡単に説明いたします。
いままでの角柱と角柱を組み合わせた一対の拍子木は、角柱と角柱を組み合わせたものでした。
いままでの角柱と角柱を組み合わせた一対の拍子木を使うときは、互いに角柱の面と角柱の面で打ち合わせながら使っていました。
それで、美しい同一音を連続的に発するためには、ある程度の練習と技術が必要でした。

そこで、同一音を簡単に発することができるように、角柱と角柱を組み合わせた一対の拍子木の一方を円柱にして、角柱と円柱をひもで結んだ拍子木を考えました。

　角柱と円柱を組み合わせた拍子木です。角柱と円柱を、ひもで結びました。

　角柱と円柱を組み合わせると、角柱と円柱を打ち合わせるとき、角柱の面と円柱の曲面（線）で接触します。

　その結果、誰が使っても、すぐに美しい同一音を連続的に発することができるようになりました。

　また、両方に握り部を付けて、握り部を人形の「こけし」のようにしました。そして、それを男女の頭形にすれば、お土産品としても人気が出ると思います。

　ご多忙中大変恐縮ですが、よろしくお願い申し上げます。

　まずはお願いまで、

敬　具

◆「角柱と円柱を組み合わせた拍子木」の説明図
　「図面」

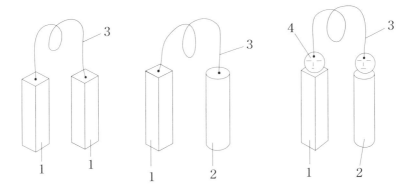

　符号は、「1　角柱、2　円柱、3　ひも、4　握り部」です。

〒
住所（フリガナ）
氏名（フリガナ）　　　　　（　　歳）
　　　　TEL
　　　　FAX
　　　　E‐Mail

　　簡単な自己紹介を書くと効果的です。
　　出身地、趣味、得意な分野などを書くだけでもいいと思います。
　　「経験値」、「得意技」をPRしてください。
　　担当者も返事がしやすいと思います。

最後まで、ご一読いただきましてありがとうございました。
心から深謝いたします。

以上が、手紙の書き方です。
　参考にして、自分の○○の作品を形式にあてはめてまとめてみてください。
　また、手紙と一緒に、郵便番号、住所、氏名を書いて、返信用の切手を貼付した封書を入れておくのです。
　すると、先方の様子も早くわかります。先方が気に入れば、１～２週間くらいで返事は来ます。あとは、その返事によって行動すればいいのです。
　手紙に入れる「図面」は、写真のように、一目でわかるので、斜視図「立体図」をおすすめします。普通の製図「平面図形」で描いた「図面」では、物品の形状がわかりにくいからです。
　もし、あなたが斜視図「立体図」の学習をして、描き方を知っていれば、斜視図「立体図」を活用してください。
　すると、発明のポイントが短時間で理解してもらえます。

　斜視図「立体図」を描くための参考文献は、拙著「これでわかる立体図

の描き方（基礎と演習）」（パワー社刊）、「これでわかる－製図の基礎－第三角法・第一角法・立体図」（パワー社刊）、などがあります。

● 会社からの返事は

　○○の作品の製品化の提案を会社にしたあと、どのような返事が来るのか、気になりますよね。

　会社からの返事は、通常２～３カ月後です。だけど、いつまでに返事が来るかは決まっていません。会社によって対応はマチマチです。

　中には、１年後のときもあります。

　中には、返事をくれない会社もあります。

　そんなとき、会社を恨んではいけませんよ。○○の作品に興味がないわけです。

　そんな状況の中で、何カ月も返事を待っていても意味がありません。

　発明者は、気になると思いますが、割り切ってください。他の会社に提案してください。他に製品化のチャンスを作る方が、○○の作品は、製品化につながります。

　また、返事の中には、権利が取れたら考えましょう。……、という返事もあります。

　大企業からの返事です。これは、体のいいお断りの返事です。

　会社にとっては、発明家もお客様です。だから、傷を付けないように断っているのです。

　権利が取れるまで、待っていると、○○の作品の内容が古くなってしまいます。

　だから、特許出願中（ＰＡＴ．Ｐ）のままでも採用してくれます。

　売り込む会社は、第一志望、第二志望の会社を決めてくださいね。

　また、事業内容を調べてください。○○の作品を気に入ってもらえるように、傾向と対策を練ってください。

　そして、○○の作品を製品化したい。……、その熱い思いを伝えてください。

　売り込む会社ですが、第一志望、第二志望の会社が上手くいかなかったと

きは、20～30社を目標にしてください。

4．すぐに使える「契約書」のまとめ方

「契約金」は、いくらくらいですか。
「契約金」は、作品の内容、種類によって違いますが、平均的にいうと次のようになります。

(1) 契約金
「契約金」は、10～100万円くらいです。

(2) ロイヤリティ（特許の実施料）
「ロイヤリティ（特許の実施料）」は、2～5％くらいです。
　売買の契約は、両方に欲が出るので仲に立ってもらった方が上手くまとまりやすいようです。
　それで、町の発明家の良き相談役として、頼りにされている、一般社団法人 発明学会に仲介の労を頼む人が多いようです。

〈まとめ〉
　契約おめでとうございます。
　応援してくれた人に心から感謝しましょう。

「契約書」の書き方は、普通の民法によるものと同じです。
　そこで、「契約書」の書き方の一例を紹介しましょう。次の通りです。

■「契約書」のまとめ方・見本

契　約　書

　　　　甲（権利者）東京都○○区○○町○丁目○番○号
　　　　　　　　　　○○○○　株式会社
　　　　乙（使用者）東京都○○区○○町○丁目○番○号
　　　　　　　　　　○○○○　株式会社
　　　　　　　　　　取締役社長　○　○　○　○

　甲と乙は、下記出願中の条項について一般社団法人 発明学会立会のもとに専用実施権の設定契約をする。

第一条　甲と乙は下記について契約をする。
　　　　特願○○○○−○○○○○○号
　　　　発明の名称　　○○○○
第二条　専用実施権、および、権利発生後の専用実施権の範囲は次の通りとする。
　　　　期間　契約の日より権利存続中
　　　　内容　全範囲
　　　　地域　国内
第三条　乙はこの本契約について、質権を設定し、または、他人に実施を設定してはならない。
　　　　　ただし、甲乙協議によって実施者を設定することができる。
第四条　乙は、自己の費用をもって権利発生後の専用実施権設定登録の手続をすることができる。
第五条　この契約によって乙は甲に対し、実施契約金として○○万円、実施料として卸し価格の○％の使用料を支払うものとする。

第六条　前条の使用料は経済事情、その他に著しい変動が生じたときは、甲乙協議の上でこれを変動することができる。

　　　協議がととのわないときは、立会人 一般社団法人 発明学会の意見にしたがう。

　　　すでに支払われた実施契約金、および、使用料は理由のいかんを問わず甲は乙に返還しない。

第七条　使用料の支払は、毎月○○日締切りとし、翌月○○日までに、一般社団法人 発明学会を通じ現金をもって全額支払いをする。

第八条　甲は一般社団法人 発明学会を通じて必要に応じて乙からこの本契約の実施の状況、その他の必要な事項についてその報告を求めることができる。

第九条　乙は契約の日より１年以内に製造販売し、また、特別の事情がない限り１年以上にわたり製造を中止してはならない。

第十条　この本契約については虚偽の報告、その他不法行為などがあったときは、甲は損害賠償の請求をすることができる。

第十一条　第二条、第三条、第五条より第十条について、乙、または、甲が違反した場合、立会人 一般社団法人 発明学会の了解のもとにこの契約を解除することができる。

第十二条　その他細則については、そのつど書面で定める。

　　以上の契約を証するため、本書３通を作成し署名捺印の上各自その１通を所持する。

　　平成○○年○月○○日

　　　　　　　　　　　　甲　　東京都○○区○○町○丁目○番○号
　　　　　　　　　　　　　　　○○　○○　　　　　　　（印）

　　　　　　　　　　　　乙　　東京都○○区○○町○丁目○番○号
　　　　　　　　　　　　　　　○○○○　株式会社

　　　　　　　　　　　　　　　取締役社長　○○　○○　（印）

　　　　　　　　　　立会人　東京都○○区○○町○丁目○番○号
　　　　　　　　　　　　　　一般社団法人 発明学会

　　　　　　　　　　　　　　○○　○○　　　　　　　（印）

第5章

知的財産権
「産業財産権 + 著作権」の豆知識

【豆知識】

■ 売り込みの返事は、早いほど有望

　一般論としては、売り込みの返事は、早いほど有望です。

　役に立つ（必要度がある）作品で、試作品の完成度が高ければ、すぐに返事がきます。返事が長引けば、それに比例して希望はうすくなります。

　だから、返事がこないときもあります。残念ですが、それが「ＮＯ」の返事です。また、どこでもいいから、○○の作品、製品にしてください。……、はいけません。

　その理由は、○○の作品が会社の事業内容と一致していないからです。

　ピントが外れているのです。難しいことではありません。最初に「目標」の第一志望、第二志望の会社を決めるのです。

　そうすれば、製品にするための「傾向と対策」をねることができます。

1．あなたの○○の作品を財産「お金」にする「知的財産権」

● ここが、チェックポイント

□「**知的財産権**」＝「**産業財産権＋著作権**」

「知的財産権」は、「産業財産権（特許、実用新案、意匠、商標）」と「著作権」の2つを合わせたものです。

「知的財産権」＝「産業財産権（特許、実用新案、意匠、商標）＋著作権」です。

　知的財産権は、特許（発明の保護）「とっきょ、パテント」、実用新案（考案の保護）「じつようしんあん」、意匠（デザインの保護）「いしょう、デザイン」、商標（ネーミング・サービスマークの保護）「しょうひょう」、著作権などを保護する制度です。

　知的財産権を守る、その他の法律には、不正競争防止法などがあります。

◆「**知的財産権**」＝「**産業財産権＋著作権**」

知的財産権	産業財産権	□ 特許　パテント Patent □ 実用新案　utility model □ 意匠　design □ 商標　registered trademark
	著作権　コピーライト Copyright	

● **創作物の内容によって、特許か、意匠か、取る権利は違う**

□ **産業財産権（工業所有権）**

　産業財産権（工業所有権）は、特許、実用新案、意匠、商標の4つを含めたものです。

　産業財産権は、特許庁に出願することが必要です。登録主義です。

　一般的に、発明品というと、アイデア（idea）とか、発明とか、特許とか、パテント（Patent）などといわれています。

　産業財産権とは、特許、実用新案、意匠、商標という別々の法律で定め

164

られたものの総称です。
□① 特許は、技術（機能）的な作品を保護する制度です。
□② 意匠は、物品の形状（デザイン）の創作などを保護する制度です。

● 著作権
　著作権「コピーライト　Copyright」は、文芸、学術、美術、音楽の創作物です。文化的なものを守る法律です。思想感情の表現を保護する制度です。
　著作権は、出願、審査、登録、という手続きは不要です。
　権利は自然に発生します。

● 法律の内容は
　次のようなことです。
□① 何（どの部分）が保護の対象になるのか。
□② どのような書類で、出願の手続きをすれば権利（登録）になるのか。
□③ 権利の内容は、どういうものか。
　身近なところで、たとえると、会社、学校の規則のようなものです。
□ 東京特許許可局
　特許という言葉は、東京特許許可局（とうきょう　とっきょ　きょきゃきょく）の早口言葉で聞いたことがあるでしょう。また、専売特許という言葉をＴＶ、ラジオ、新聞、雑誌などで、見たり、聞いたことがあるでしょう。
□ 専売特許条例「４月１８日が発明の日」
　専売特許条例は、明治１８年（１８８５年）４月１８日に公布されました。
　いまの、特許法のことです。この法律ができた日を記念して、４月１８日が発明の日、になっています。発明の誕生日です。
　大好きな人の誕生日は、忘れてはいけませんよ。必ず、大切な、研究ノート（発明ノート）に、メモしておいてくださいね。
　では、ここで、特許、実用新案、意匠、商標、その概要がわかるよう

に、権利の種類と内容について説明します。

□（1）特許（発明）という知的財産権
　特許（発明）という知的財産権の保護の対象は、「物の発明」と「方法の発明」です。
「Patent　パテント」は、「特許」の意味です。
「PAT.P（Patent pending）は、「特許出願中」の意味です。
　権利期間は、出願の日から２０年です。
□「物の発明」
　たとえば、円すい状の網袋に、空気袋を付けた「洗濯機の糸くず取り具」のような、製品が「物の発明」です。
□「方法の発明」
　モチとアイスクリームを組み合わせた、「雪見だいふく」のような物を製造する方法の製品が「方法の発明」です。
　台所用品、事務用品のような生活用品、新しい素材、新しい飲食物などが対象です。
「雪見だいふく」は、昭和 56 年（1981 年）に誕生した商品です。「Ａ（アイスクリーム）＋Ｂ（餅）＝Ｃ（雪見だいふく）」は、いまでも、年に、何十億円も売り上げる、超ロングセラーの商品です。
「雪見だいふく」は、複数の権利で保護されています。
□「特許という知的財産権」
「雪見だいふく」の製造方法は、「特許という知的財産権」です。
　いま、特許の権利は切れています。
□「商標という知的財産権」
「雪見だいふく」の名前（ネーミング）は、「商標という知的財産権」です。
□「著作権という知的財産権」
「雪見だいふく」のパッケージの印刷物は、「著作権という知的財産権」です。
「雪見だいふく」は、特許「知的財産権」が取れて、「独占権」があるか

166

ら、長年、価格の維持もできたのです。

競合品がないから、価格を下げなくて、いいのです。

人は「わがまま」です。量産すれば、すぐに、飽きられます。

飽きられないように、「生産調整」が自由にできたのです。

それができるのは、「知的財産権」の「独占権」の力です。

● **権利が取れるための条件「登録要件」**

○○の作品、権利が取れますか。次のような条件をパスすればＯＫです。そのことを「登録要件」といいます。

その条件は、産業上利用できますか。先願（せんがん）ですか。新規性がありますか。進歩性がありますか。……、などです。

□ **先願（せんがん）**

先願（せんがん）とは、一番先に出願をすることです。

□ **新規性**

新規性とは、いままでの作品に比べて、新しさがあることです。

いままでになかった、物品の形状、構造（しくみ）、その製造方法を見つけることです。

□ **進歩性**

進歩性とは、その考えた物品の形状、物品の構造、物品の組み合わせが、容易に創作できないこと、創作のプロセスの中で困難さがあることです。

□ **（２）実用新案（考案）という知的財産権**

実用新案（考案）という知的財産権は、物品の形状、構造（しくみ）、または、組み合わせに関するものに限られています。

□ **「六角形の鉛筆」**

たとえば、「六角形の鉛筆」のような物品の形状の考案です。

□ **「印鑑を付けた筆記具」**

「印鑑を付けた筆記具」のような印鑑と筆記具の物品の組み合わせの考案です。

すなわち、機械、器具、日用雑貨品のように一定の形があるものが対象です。物品でない製造方法は含まれません。

権利期間は、出願の日から１０年です。

□（3）意匠（デザイン）という知的財産権

意匠（デザイン）という知的財産権の保護の対象は物品です。

権利が取れるためには、新規性、創作性などが求められます。

意匠は、物品の形状、模様、色彩、物品の外観で美感のあるものが対象です。

① 物品の形状、② 物品の形状＋模様、③ 物品の形状＋色彩、④ 物品の形状＋模様＋色彩です。

たとえば、バケツの形状をハートの形にした、「ハートの形のバケツ」は、物品の形状の創作物です。

デパートなどの時計の売り場で、目覚まし時計を見て、かわいいね。格好がいいね。……、といった内容の話しをしていませんか。それが意匠です。

権利期間は、設定登録の日から２０年です。

□ 機能的な部分の説明がいらない

特許のように、たとえば、筆記具の物品の形状が円柱でなく、六角柱だと、机の上でころがりません。床に落ちないので、芯が折れません。……、といった機能的な部分の説明がいらないのです。

□（4）商標（ネーミング・サービスマーク）という知的財産権

商標（ネーミング・サービスマーク）という知的財産権は、商品（ネーミング）や役務（サービス）に使用するマークで、文字、図形、記号、立体的形状などです。

平成２７年４月に商標制度の改正があり、音の商標（音楽、音声、自然音からなる商標）、動く商標（図形が時間によって変化している商標）、ホログラムの商標（クレジットの偽装防止や製品に貼るホログラム）、色彩のみの商標（色彩のみからなる）、位置の商標（図形などの標章と、その

付される位置によって構成される商標）の権利が取れるようになりました。

文字商標は、仮名文字、ローマ字などです。

図形商標は、動物、人物、風景などです。

記号商標は、アルファベット、漢字などを図案化したものなどです。

立体的形状の商標は、ケンタッキーフライドチキンの白ひげのおじさん、コカコーラの瓶、不二家のペコちゃんなどです。

□ **商品、役務を区別する目印になるマーク**

他の人（第三者）の商品（ネーミング）や役務（サービスマーク）と区別することができる顕著性をそなえているものが対象です。

商標は、新規性がなくても権利は取れます。

具体的な商標は、靴下に、通勤快足、清涼飲料水に、タフマン、放送に、ＮＨＫのような名前です。

商標は、商品、役務の顔といわれる大切なものです。

名前の付け方一つで製品の売れ行きが左右します。

だから、たとえば、いいにくい名前、覚えにくい名前を付けたら大変です。

いくら、ＴＶ、新聞などで広告（ＰＲ）しても消費者は覚えてくれません。

商標は、特許、実用新案、意匠と異なります。

だから、役にたつものを考えた、というのではなく、商品、役務を区別する目印になるマークを登録するものだからです。

権利期間は、設定登録の日から１０年です。何度でも更新ができます「永久権」。

「®（マルＲマーク）」は、「登録商標（registered trademark）」の意味です。

□ **（5）著作権〔Copyright（コピーライト）〕という知的財産権**

著作権（コピーライト）という知的財産権は、文化的なものを守る法律です。思想感情の表現を保護する制度です。

著作権という知的財産権は、文芸、学術、美術、音楽の創作物です。

小説も、学術文も、美術品も、音楽も、落語も、みんな著作権です。

著作権は、手続きは不要です。

無登録主義です。権利は、自然に発生します。

権利期間は、本人の死後５０年も存続します。映画は、公表後７０年です。

「© マルＣマーク」は、「著作権（Copyright・コピーライト）」の意味です。

● **知的財産権は、産業財産権と著作権の二つを合わせたもの**

たとえば、数学の図形の問題が苦手な子どものために、遊び感覚で学習ができる積み木を考えました。

説明図（図面）を描いて、手作りで試作品を使りました。

近所の子どもたちに、積み木で遊んでもらいました。

立体的な形で理解できるので、とても楽しい、と好評でした。

□ **積み木の権利は**

積み木の特許（発明）などの知的財産権は、どうなりますか。

◆ **積み木の知的財産権**

□ 特許という知的財産権	□ 物品の形状など、技術（機能）的な部分
□ 意匠という知的財産権	□ 物品の形状（デザイン）
□ 著作権という知的財産権	□ 使い方を説明した説明書の印刷物

積み木は、楽しく学習ができて、とても学習効果があります。……、といった説明が必要です。積み木は、木（気）があっていいですね。

積み木は、あなたの知的財産権ですよ。……、ということです。

□ **ゲームのルール（遊び方）がポイントの作品の権利**

著作権は、特許、意匠、商標のどういったところが関連しているのですか。

たとえば、オセロゲームのような、ゲーム具です。

オセロは、ゲームのルール（遊び方）がポイントです。

◆ ゲームの権利は

□ 特許の対象	□ ゲーム具の物品の形状、構造（しくみ）
□ 商標の対象	□ ゲーム具に付ける商品の名称
□ 著作権の対象	□ ゲームのルール（遊び方）を説明した、説明書などの小冊子の印刷物

知的財産権の参考文献は、拙著「知的財産権は誰でもとれる（日本地域社会研究所）」などがあります。

● MEMO　遊戯具のルール（遊び方）の権利

遊戯具のルール（遊び方）の権利は、どうなりますか。

□ 著作権という知的財産権

遊戯具には、ルール（遊び方）を説明したパンフレット、説明書（小冊子）などの印刷物が商品についています。

この印刷物は、著作権という知的財産権です。

たとえば、野球のゲーム具で新しい野球盤を作ったとき、ルール（遊び方）を決めます。

こんな感じです。

□ バットで打った球が穴の中に入ったときは、ホームランです。 □ バットで打った球が溝の中に入ったときは、2塁打です。 □ バットで打った球がランナーに当たったらアウトです。

……、といったようなルール（遊び方）です。

このルール（遊び方）を説明したパンフレット、説明書（小冊子）などの印刷物は、著作権という知的財産権です。

□ 特許の対象

特許の対象になるところは、どこの部分ですか。

ルール（遊び方）を実現できるように考えた、遊戯具の物品の形状、構造、物品の組み合わせです。

□「自然法則」ではない

171

数学、または、論理学上の法則（計算方法、作図法、暗号の作成方法）、人為的な取り決め（遊戯方法、保険制度）、心理方法（広告方法）などは、一般的に「自然法則」ではありません。

　だから、特許の権利は取れません。

● **問題 …… 彼女（彼を）を口説く方法、特許の権利が取れるか**

　先生、方法の発明、考えました。

　……、どんな作品ですか。

　彼女（彼）を口説く方法です。特許になりますか（？）……。

　学生、少し考えて、……。まとめ方がわかりません。先生、難しいです。

　そうか、では、宿題にしましょう。家で考えてきてください。

　それで、どうすればいいですか。とりあえず、帰宅したら、問題を用紙に書いて、家の冷蔵庫の冷凍室の中に、用紙を入れてください。……、固まってきましたね。

　朝、用紙を冷凍室から、取り出してください。その問題を見てください。

　……、と（解）けていくでしょう。

　たしかに、と（融）けています。

　なるほど、難しく考えなくていいんですね。「自然法則」にまかせればいいのですね。

　恋愛は、いつも、同じ結果になりません。

　だから、特許の対象になりません。

● **特許（発明）は、得意な分野、豊富な知識を活かすだけ**

　突然ですが、質問です。

　小学生、中学生、高校生、お母さんが、同じ新鮮な食材を使って「カレー」を作ってくれました。

　あなたは、５００円払って、誰が作った「カレー」を食べたいですか（!?）。

　……、多くの人が「お母さん」と答えるでしょう。理由、わかりますよね。

「得意」、「大好き」なことを、テーマ「科目」を選ぶと、すぐに、いい結果に結びつきます。

「不得意」、「嫌い」なことに、チャレンジすると大変です。いい結果が出るまでに相当の時間がかかります。お金もかかります。

● いつも、良く「見ている (!?)」ハズなのに、……
　私たちは、大切なものを良く見ていない

　これから、硬貨（500円、100円、50円、10円、5円、1円）を使って、実験（テスト）をします。財布の中から、好きな硬貨を一つ選んでください。

　その硬貨を見ないで、硬貨の大きさ（直径）の円を2つ描いてください。

　円の中に、表裏の模様（デザイン）を描いてください。

　……、硬貨の大きさ、表裏の模様（デザイン）、描けましたか。

　いつも、良く「見ている (!?)」ハズなのに、……、残念ですが、描けないでしょう。描けなくても、大丈夫です。

　硬貨は、円だけに、○ マルと、いってくれます。

● アイデア商品発明講座（通信教育）

　発明を体系的に学習できる「がくぶん」の通信教育講座があります。「アイデア商品発明講座（監修　中本 繁実）」です。テキストも執筆しました。

　テキスト6冊「1 アイデア着想編・2 試作編・3 アイデアチェック編・4 出願対策編1・5 出願対策編2・6 売り込み・契約編」ＣＤ－ＲＯＭ1枚（特許出願書類フォーマット集、実用新案出願書類フォーマット集、意匠出願書類フォーマット集、商標出願書類フォーマット集、企業への売り込み手紙フォーマット、企業との契約書フォーマット）付きです。

◆ 問合せ先・がくぶん「株式会社 学文社　〒162‐8717　東京都新宿区早稲田町5番地4号　ＴＥＬ0120‐004‐252」です。

2．権利が取れるのか、判断力を身につけよう

　あなたが考えた○○の作品が、特許になるか、ならないか、判断力を身につけましょう。

　その判断力を身につければ、ムダな出願をしなくてすみます。

　その判断力は、そう難しいものではありません。

　本当は、産業財産権法という法律に照らして、判断をしなければなりませんが、小さな作品の場合は、そんなことを学習していると、ますますわからなくなって、アイデアを考えることがいやになってしまいます。

　そこで、私が長い間、多くの発明家を指導してみて、１番やさしい方法がわかったので、それを次に述べます。

□（１）○○の作品が権利になるためのポイントは２つ

　　○○の作品が権利になるための、ポイントは２つです。

　　これは、簡単なことです。練習してみましょう。

□「新規性」

「ポイント・１」は、いままでになかった物品の形状、構造、その製造方法を見つけることです。……、これを「新規性」と、いいます。

□「進歩性」

「ポイント・２」は、その考え出した物品の形状、構造、組み合せによって、新しい効果が生まれたときです。……、これを「進歩性」と、いいます。

「新規性」、「進歩性」の２つポイントがそろうと、特許庁は、特許の権利を与えなければならない、という法律なのです。

　そこで、あなたは、「新規性」、「進歩性」の２つのポイントを頭の中に、入れていただきたいのです。

　それでは、ここで、具体例を紹介します。

「新規性」と、「進歩性」について、練習してみましょう。

第 5 章　知的財産権「産業財産権 + 著作権」の豆知識

□（2）練習

★ ① タコの足のような吸盤

　円板の両面にタコの足のような吸盤は、権利になるでしょうか（?）

　普通の吸盤は、1個の形が大きいです。

　この作品は、このタコの足のような吸盤は、片面に小さな吸盤を、10個も、20個も付けたのです。

　だから、小さな吸盤が1個、離れても、他のたくさんの吸盤が、吸いついています。だから、離れません。

　さあ、この「タコの足のような吸盤」は、権利になるでしょうか。

□「新規性」

「ポイント・1」は、いままで、吸盤1個、2個を組み合わせて使っていました。

　また、吸盤を両面に付けたものもありました。

　しかし、一面にタコの足のように吸盤が、たくさん付けたものはありませんでした。これで、「新規性」は、パスです。

□「進歩性」

「ポイント・2」は、吸盤1個では、空気が入ると、外れます。

　ところが、一面にたくさんあるので、2つか、3つに空気が入っても外れません。これで、「進歩性」は、パスです。

　次に、同じような吸盤について考えてみましょう。

★ ② ツマミを付けた吸盤

　量販店、専門店などに行くと、吸盤が売っています。

　ところが、よく見ると、小さな突起が付いています。

　吸盤を吸い付けておいて、それを外すのに力がいります。そこで、この突起をつまんで引くと、すぐ取れます。

　これは、権利になっているものでしょうか（?）

「ポイント・1」、「ポイント・2」に照らして考えてみましょう。

　このように量販店、専門店などで商品を見たとき、「新規性」、「進歩性」のの2つのポイントに照らして考えるくせをつけたら、買い物は、ま

175

た、変わった楽しみを覚えるものです。

　そして、量販店、専門店などの商品は、みんなあなたに話かけてきます。

□「新規性」

「ポイント・1」は、いままで、いろいろの吸盤はありましたが、吸盤の周辺にツマミの付いた吸盤は、ありませんでした。

　これで、「新規性」は、パスです。

□「進歩性」

「ポイント・2」は、吸盤は、強く吸着するので、取り外すとき、強い力が必要でした。

　しかし、このツマミを引けば、そこから空気が入ってすぐ離れます。

　これで、「進歩性」は、パスです。

★ ③ 横すべりしない吸盤

「石けん置き」などに、横すべりしない吸盤を使っています。……、という説明書があるのを見つけました。

　主婦のアイデアでは、風呂場のタイルなどに台板を接着剤で貼り付けて、その上に、吸盤を吸い付けるものが良く使われています。

　しかし、水気が付くと吸盤は横すべりして、次に外れるわけです。

　ところが、この台板と吸盤は、次のような形状をしています。

　円形状の台板の中央に凸部を設けました。吸盤の内側に凹部を設けました。

　使うとき、台板に吸盤を押し付けると、台板の凸部が、吸盤の凹部の中に入ります。

　この台板と吸盤を組み合わせた「横すべりしない吸盤」は、特許になっているでしょうか（？）

　……、もし、特許になっていると考えたら、その理由を考えてください。

□「新規性」

「ポイント・1」は、いままで台板と吸盤の組み合わせたものはあった。

　しかし、凸部と凹部を作って組み合わせたものはなかった。

　これで、「新規性」は、パスです。

□「進歩性」

「ポイント・2」は、吸盤の欠点である、横すべりがなくなった。

　これで、「進歩性」は、パスです。

吸盤1つを例にとっても、このような発想が次々と生まれます。

★ ④ 角柱と円柱を組み合わせた拍子木

　Mさんは、土産品として、一方が四角柱で、一方を円柱にした「拍子木」を考えました。

　Mさんは、「ポイント・1」、「ポイント・2」をどのように書いて権利を取ったのでしょうか。

□「新規性」

「ポイント・1」は、角柱と円柱の組み合わせた拍子木はなかった。

　これで、「新規性」は、パスです。

□「進歩性」

「ポイント・2」は、接点が線をなすので誰でも同一音を出すことができる。これで、「進歩性」は、パスです。

★ ⑤ 刃に折れ目を入れたカッター

　印刷の仕事をしていたOさんは、工夫することが大好きです。

　月に何十枚もの片刃の安全カミソリで、紙をカットしていました。

　ところが、すぐ、刃が切れなくなります。そこで、スミを折ると、もう1回使えます。

　その材料の節約を考えていたOさん、ある日、板チョコを食べていて、それに折れ目が付いているのに目がとまりました。

　そうだ、刃物に平行な折れ目を入れたら、刃を折って、何回も使える。……、そう思ったのです。

　そして、メーカーに相談すると刃物に折れ目を入れるくらいは、簡単なことだというのです。

　もし、このとき、Oさんに、特許的な判断力がなかったら、恐らく、刃物を少し節約するくらいで終わったでしょう。

Ｏさんは、これは、「ポイント・１」も、「ポイント・２」も、満たしています。したがって、特許になる。……、と判断して出願しました。

　それが、いま、どこの家庭でも、２つ、３つは使っているオルファーカッターです。

　オルファ「ＯＬＦＡ」と、いう名前は、「折る刃」からきている商標（ネーミング）です。

　あなたも、この作品を「新規性」、「進歩性」の２つのポイントに照らして、考えてみましょう。

□「新規性」

「ポイント・１」は、刃物に、折れ目を付けたのは、いままでどこにもありませんでした。出版物にものっていませんでした。

　これで、「新規性」は、パスです。

□「進歩性」

「ポイント・２」は、折れ目があるから、１枚の刃が、５枚も、６枚も、使えます。

　容易に考えられない作品です。これで、「進歩性」は、パスです。

★ ⑥「雪見だいふく」

　もう１つ判断を養うために、ロッテの「雪見だいふく」の特許をあげることにします。

　昭和５４年と翌年は、大変な冷夏でした。そのためにクーラー、冷菓などをやっていたメーカーは、大変な痛手を被ったのです。

　ロッテは、アイスクリームを作っていて、売れなくて惨敗しました。

　そのとき、冬でも食えるアイスクリームを作らなければならない、ということで考え出したのが、だいふく餅の中のアンの代わりにアイスクリームを入れた菓子です。

　この作品に「雪見だいふく」と、いうネーミングを付けて売り出すと、年商７０億円の大ヒット商品になったのです。

「発明の名称」は、「被覆冷菓とその製法」です。

　なぜ、Ａ「餅」＋Ｂ「アイスクリーム」＝Ｃ「雪見だいふく」が特許に

なったのでしょうか。

「ポイント・1」、「ポイント・2」に照らして判断してください。

□「新規性」

「ポイント・1」は、

□「進歩性」

「ポイント・2」は、

「新規性」は、どこにもなかったということは、量販店、専門店などになかったというのではありません。「刊行物」にも、載っていませんでした。

　特許庁の公報にも、先行技術（先願）がなく、載っていませんでした。

　……、コンピューターになると、世界中の公報が調べられます。

「進歩性」というのは、どこにもないけれども、普通の人が容易に考えられるものは、ダメということです。

　ウーム、と感心するくらいの意外性が必要です。

3．特許の出願から登録まで

■ 特許の出願から登録まで「簡単な説明」

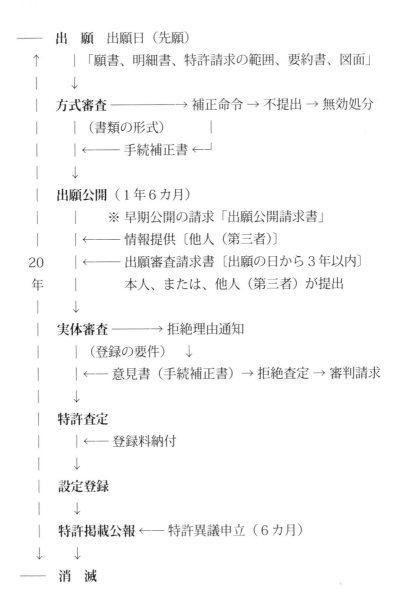

第 5 章　知的財産権「産業財産権 + 著作権」の豆知識

※ 権利期間は、出願の日から 20 年です。

■ 特許の出願から登録まで「恋愛・結婚のたとえばなし」

　それでは、特許の出願から登録までを、私（中本）流の恋愛・結婚のたとえばなしで説明をします。おつきあいください。

　さっそくですが、私は職場（学校の同級生）の○○さんのことが好きになりました。それで、最近、気が重くて、肩が重い（片思い）です。

　……、荷物も重いです。

　そうですか。……、それでも、思い出は残りますよ。いいでしょう。

　片思い、……、誰だって、体験することです。だから、大丈夫です。

□ ① 出願

　そこで、ある日、○○さんに、大好きです。……、と告白しました。デートも申し込みました。

　……、すると、数日考えてからＯＫしてくれました。

□ ② 方式審査

　そして、休みの日に食事をして、映画を観ることになりました。

　その日は、ワクワク、ドキドキで、とても楽しかったです。

　その後、何度もデートを重ねました。信頼ができました。

　２人とも結婚したい。……、と思うようになりました。

□ ③ 出願公開

　1 年 6 カ月後に、みなさんに、公開「出願公開」しました。

　私たちは、交際しています。……、と交際宣言をしたのです。

□ ④ 出願審査請求書・実体審査

　それから、数カ月後に、彼女に、幸せにします。結婚してください。……、とプロポーズしました。

　○○の作品の権利をください。……、といって、「出願審査請求書」を

181

提出したのです。

「出願審査請求書」は、出願の日から、3年以内に提出できます。

　ここまでは、彼女と、とても順調でした。

□ ⑤ 拒絶理由通知

　ところが、それを知った友人の○○君が、私の欠点を彼女に告げ口をしたのです。

　そうしたら、そのことを彼女が簡単に信じました。

　それで、彼女から簡単に「ＮＯ」と書いた返事の書類「拒絶理由通知」が書留の郵便で送られてきました。

□ ⑥ 意見書・手続補正書

　私は、正直あわてました。それで、すぐに、それに対する反論の手紙「意見書、手続補正書」を書留で郵送しました。

　それから、数日後、彼女は、その理由を理解してくれました。

　それで、やっと了解してくれました。

□ ⑦ 設定登録

　これで、「ＹＥＳ」と、いう返事「登録」になったのです。

　たとえばなし、いかがでしたか。……、わかりやすかったでしょう（!?）

■ 特許の出願から登録まで「具体的な説明」

　それでは、特許の出願から登録までを具体的に説明します。

□（1）特許願の出願

　特許願は、「① 願書、② 明細書、③ 特許請求の範囲、④ 要約書、⑤ 図面」が必要です。書類は、「形式」が決められています。

　たとえば、用紙の大きさです。Ａ列4番「Ａ4（横21㎝、縦29.7㎝）」を使ってください。白紙を使ってください。用紙の周囲に余白を取ってください。文章は横書きで書いてください。1行は、40字詰めにしてくだ

182

さい。1ページは、50行以内にしてください。……、といったことです。

その「形式」にあてはめて書くわけです。

紙面の都合上、本書は、形式が規則（特許法施行規則）どおりになっていません。あらかじめご了承ください。

□ 特許は、図面がなくても

特許は、製法の特許とか、飲食物の特許などがあります。
「方法の発明」のときは、図面を描かなくても、作品の内容の説明ができます。
そのときは、図面を付けなくてもいい、ということです。

□（2）出願日

「① 願書」に、「② 明細書、③ 特許請求の範囲、④ 要約書、⑤ 図面」を付けて、特許庁「〒 100-8915　東京都千代田区霞が関 3-4-3　特許庁長官 殿」に提出「書留の郵便（または、持参）」します。

その日が「出願日」になります。

書留の郵便で提出するときは、切手の日付の消印が「出願日」になります。

だから、封書に貼った切手に、郵便局の窓口の人に日付の消印をはっきり押してもらいましょう。

◆ 豆知識

送料の切手を数枚組み合わせて、貼ってください。
郵便局の窓口の人が日付印（消印）を数カ所押してくれます。

□（3）審査

「審査」には、「方式（形式）の審査」と「実体の審査（登録の要件）」があります。

□ ① 方式の審査

特許願が受け付けられると、書類の形式などのチェック「方式（形式）

の審査」が行われます。

手紙「特許願」を送ったとき、形式に不備があれば間違ったところが指摘されます。

◆ 手続補正書

補正（訂正）の指示があります。それが「補正命令」です。その書類が「手続補正書」です。

「手続補正書」が出願人に書留の郵便で届きます。そして、指定された期間内に提出することになります。

もしもですが、「補正命令」が来てしまったら、指示されたところを書いて「手続補正書」を提出してください。ていねいに、やさしく教えてくれるから、簡単に書けます。「手続補正書」は提出してください。

そのままにしておくと、出願は「無効処分」にされてしまいます。

詳しい書き方は「補正命令」の書面に詳しく説明しています。

どうしよう。……、と心配しなくても大丈夫です。

□ ② 実体の審査（登録の要件）

今度は権利が取れるための条件（登録の要件）、新規性（新しさ）があるか、進歩性（困難さ）があるか、などの具体的な内容を確認してくれます。

それを「実体の審査」といいます。それは、新規性（新しさ）、進歩性（困難さ）などの条件をパスすることです。

出願審査請求書は、出願の日から３年以内に提出できます。

◆ 新規性（新しさ）の条件

いままでになかった物品の形状、物品の構造、その製造方法を見つけることです。

◆ 進歩性（困難さ）の条件

新しい作品（新製品）を考えたとき、物品の形状、物品の構造、物品の

組み合わせたとき、新しい「発明の効果」が生まれることです。さらに、いままでの作品と比べて、その作品が簡単に考えられなかったときです。

　以上のような条件をそろえます。すると、特許庁の審査官は、発明者に特許の権利（独占権）を与えます。

□（4）手続補正「手続補正書」
「手続補正」は、「命令補正」と「自発補正」があります。

□①「命令補正」
　書類が形式どおりになっていなければ、特許庁長官が出願人に補正を命じます。その補正を「命令補正」といいます。

□②「自発補正」
　自分の意思で自発的に補正がきます。ただし、「自発補正」には、時期、内容の制限があります。だから、何でも補正が認められる。……、というわけではありません。注意しましょう。

□（5）出願公開

□① 1年6カ月後に出願公開される
　出願の日から1年6カ月すると、手紙「特許願」が「公開公報」にのって、一般に公開されます。

□② 早期公開の請求もできる「出願公開請求書」
　1年6カ月よりも前に特許出願人が公開を希望するときは、特許庁長官に早期公開の請求もできます。

　そのときに提出する書類を「出願公開請求書」といいます。

□③ 補償金請求権
　公開公報にのると、書類の内容がすべて公開されます。

　すると、他の人（第三者）が公開公報を見て、その作品の内容を実施す

ることもできます。

　そのとき、無断であなたの作品と同じ内容を実施しているときは、その人に警告をしてください。そうすれば、警告後の実施については、実施料にあたる補償金の請求ができます。

　その権利を「補償金請求権」と、いいます。

□④ 補償金の請求は、設定の登録後

　補償金の請求ができるのは、特許権の設定の登録になってからです。

□（6）情報提供「刊行物等提出書」

　出願の日から1年6カ月すると、書類は「公開公報」にのって内容が一般に公開されます。

　そのとき、公開された作品と同じ作品がすでにあるときは、誰でも特許庁長官に、刊行物、または、先願の公報の写しなどを提出できます。

　それは、公開された作品は、すでに多くの人に知られています。だから、その作品の権利は取れません。……、といった情報の提供ができるというわけです。そのときに、提出する書類を「刊行物等提出書」と、いいます。

□（7）出願審査請求書

　権利が取れるための条件（登録の要件）を確認するためには、出願の日から3年以内に出願審査の請求をします。

　誰でも、提出ができます。

　それから審査がはじまります。そのときに提出する書類を「出願審査請求書」と、いいます。

◆ 実用新案は、無審査「基礎的な要件」

　実用新案は、無審査で、形式的な「基礎的な要件」さえ「ＯＫ」であれば登録になります。

第5章　知的財産権「産業財産権＋著作権」の豆知識

□（8）拒絶理由通知

「出願審査請求書」を提出すると、審査官が書類の内容を見て、権利が取れるための条件（登録の要件）のチェックをします。

　審査官が審査をして、その結果、新規性（新しさ）がありません。進歩性（困難さ）」がありません。……、といった理由で、○○の作品は、拒絶すべきだ。……、と判断したら、出願人に書留の郵便で「拒絶理由通知」を送ります。それは、○○という理由で拒絶します。意見があれば申し出なさい。

　……、といった内容の書類です。

□（9）意見書・手続補正書書

　出願人は、「拒絶理由通知」に書いてある理由を見て「意見書」を書きます。

　実務上は、「手続補正書」を一緒に提出することが多いです。

「意見書」を書留の郵便で特許庁の審査官に送ります。

　審査官は、それを見て再度判断をします。

□（10）特許査定「設定の登録」

　特許の権利が取れるための条件をパスすれば「特許査定」になります。

　それは、拒絶の理由がないときです。

「特許査定」になったときは、出願人は、「第1年から第3年の特許料」を納付します。そうすれば「設定の登録」になります。

□（11）拒絶査定

　審査をした結果、新規性（新しさ）がありません。進歩性（困難さ）がありません。……、などの、拒絶の理由に該当するときは「拒絶査定」になります。

□（12）審判

　審査官が決定した「拒絶査定」に不満（不服）があるときは、「審判」

を請求して、もう1度審査をやりなおしてもらうことができます。

□ ① 拒絶査定に対する拒絶査定不服審判
　審査官が拒絶査定を決定した特許の出願について特許出願人がそれに不満があるときは、原則として、その査定の謄本の送達の日から30日以内に「拒絶査定不服審判」の請求ができます。

□ ② 特許無効審判
　特許の要件、不特許事由、または、先願の規定に違反して特許になったものについて無効とする「特許無効審判」の請求ができます。

□ ③「訂正審判」
　特許権の設定の登録後、特許権者は、特許請求の範囲の減縮、誤記の訂正、明りょうでない書き方の釈明をするときに限り、願書に添付した明細書に書いている内容、または、図面に描いている内容の範囲内について「訂正審判」の請求ができます。

□ （13）登録料
「特許の登録料」は、審査の結果、特許の権利が取れた。……、といった査定、または、審決の謄本があった日から30日以内に第1年から第3年をまとめて納付します。
　納付しないと、最初からその出願はなかったことになります。

4．新製品を開発するプロセス

□ （1）特許願の書類をまとめて、出願の準備をしよう
　ここで、新しい作品（新製品）を考えて、製品化するためのプロセスを

188

考えてみましょう。

　最初、売り込みたい目標の第一志望の会社を決めることと、製品の「企画書」を作ることからスタートします。それが一般的です。

　企画書をまとめるとき、関連の情報が大切です。先行技術は、特許情報プラットフォーム（J-PlatPat）で調べられます。

　また、専門店、量販店、デパート、スーパーなどのお店に行ってください。

　○○の製品の大きさ、材質、価格などが確認できます。

　いま、売れている製品がわかります。市場調査ができます。

　そうすれば、「企画書」は、すぐに、ＯＫになります。その次は、「説明図（図面）」を描きます。

◆ 新製品を開発するプロセス

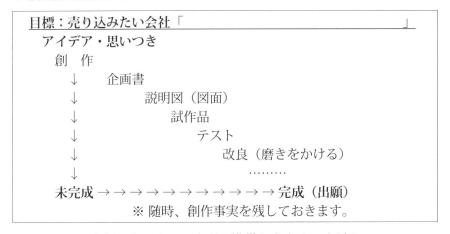

　そのとき、書類をまとめて、出願の準備もすすめてください。

　次は、○○の作品の試作品を作ります。それも、手作りで大丈夫です。

　そして、テストをしてください。「◎・○・△・×」などの評価を付けて各種データを取ります。それでよし、これでＯＫ、というときに準備しておいた書類をもう１度みなおしてください。

　その書類に、加筆、訂正をしてから、出願をしましょう。

先生、ここで、質問してもいいですか。

未完成のままで、出願をしました。どうなりますか。

……、一度、出願をしてしまうと、新しい技術を追加したくても、内容の変更ができません。

新製品を開発し、○○の作品の完成度を高めるためには、試作品、テスト、改良のくりかえしが大切です。

○○の作品を完成させるまでのプロセスは、恋をして、結婚するまで、と良く似ているといわれます。

……、ここで、概要をまとめてみましょう。

□（2）○○の作品を製品化すための準備

日頃、○○の作品は、ここが使いにくい、と思っていたところを改良しました。……、それでは、製品化するための準備をしましょう。

いま、この時点は、スタートラインです。もちろん、製品は未完成です。

恋をして、相手のことを「好き」……、と意識しただけです。

そして、その後、手作りで、試作品を作ります。実験（テスト）をします。

使いやすくなったか、効果を確認します。ここで、課題（問題点）が見つかれば、改良を加えます。

それで、これならいける、製品化しても大丈夫！　……、というときに、出願をするのが一般的です。

うまく結果が出なければ、試作、実験（テスト）、改良をくりかえします。

だって、数カ月後、あるいは、数年後に、こんなはずじゃなかったのに、……、といいたくないでしょう。

5．企業の新製品の開発のプロセス

　町の発明家の成功とは、○○の作品を製品化することです。そして、多くの消費者に喜んでもらうことです。

　一方、企業でも多くの消費者が望む、新製品を開発することです。

　この２つの文句を合わせると、発明家の製品と企業の新製品の開発は同じことだ、……、といえると思います。

　そこで、町の発明家がプロの新製品の開発の手法を学んで、活動をすれば、製品化の効率は、ウンとアップします。

　この内容は、家庭用品を扱っている企業の新製品開発のプロセスです。それを紹介します。大いに活用してください。

□（１）新製品の開発計画

　年２回ぐらい、全国の問屋、小売店を対象にした展示会を開催します。そこには、10 点から 15 点くらいを展示します。

　その時期は、春と秋が多く、それに合わせて発表できるように計画し、新製品の開発をしていくのです。

□（２）情報の収集

　展示会に向けて、

□ ○○の新製品の開発をするのか。

□ 自社の製品を改良するところはないか。

□ いま、売れている製品は何か。

□ 問屋、小売店が望んでいる製品は何か。

□ 外国にはどんな製品が出回っているか。

　その周辺にあるヒント、製品を多数リストアップすることです。

　この会議は、企業のトップ、企画、営業、製造の各担当責任者が参加します。会議は、十数回行います。

　その中から、完成度の高い製品をピックアップします。

□（3）まとめ・会議

　前回の会議で、討議、選択された製品は、企画担当者が２点か、３点を受けもって、デザイン、モデリングをします。それを再度、会議にかけます。

　製品を選択し、まとめる方法には、いろいろなケースがあります。

　次の「チェックリスト」は、とても、わかりやすいです。

　それを使った「評価」の仕方を紹介しましょう。

● 製品の評価のチェックリスト

□ 用途などは

①	□ 何に使うのか
②	□ 特色は何か
③	□ 同じ用途の製品は、従来あるか
④	□ 消費者はどんな利益があるか

□ 購買者の対象は

①	□ 誰が買うのか
②	□ 誰が使うのか
③	□ 消費者の使用習慣はどうか
④	□ どのくらいの需要数があるか

□ 技術、権利関係などは

①	□ 産業財産権（工業所有権）の権利は取れるか
②	□ 当社の技術でできるか
③	□ デザインはどうか
④	□ 原材料の確保は大丈夫か
⑤	□ 企業 no イメージに合うか
⑥	□ 販売経路はあるか
⑦	□ 地域、季節性があるか

第5章 知的財産権「産業財産権＋著作権」の豆知識

□ 価格は

①	□ コストはいくらぐらいになるか
②	□ コストに引き合うか
③	□ 販売価格はいくらなら売れるか
④	□ 類似品、競争品との価格はどうか
⑤	□ 包装、輸送の問題はないか

□ （4）外部の意見を聞く

前回の会議であがった製品は、さらに、形状（デザイン）をモデリングして、信用のおける問屋、小売店の店主に売れそうかどうか、その他の意見を聞きながらまとめます。

□ （5）最終決定

最終まで残った作品は、原価計算、材料の確保、生産数量、仕上がり時期など製造進行を確認した上で必要なことを検討します。

以上のような方法によって新しい作品を決めます。

それから、テスト的に少量作ってみて、それを使用し、テストをして、金型の修正、製品の欠点、不具合なところの改良を加えて本格的な生産に入ります。

さらに販売見通しの心配があるときは、大量に生産をしないで見本的に数個ずつ販売先に渡すこともあります。

外部から持ち込まれた、製品も最初の情報収集会議で討議されます。

そして、検討され合格すれば最後の会議まで残ります。

このような会議の組織をフルに活動させ、計画から製品化するまで、だいたい、6カ月から1年くらいかかります。

このように、多くの関係者の人たちが慎重に討議して、製品化させます。

それでも、売れるものは、10に1つか2つあればいい方だといわれています。

それを聞くと、新しい製品の開発がいかに大変か、難しいか、ということがわかると思います。

だから、発明家も思いつきではなく、この新製品の企画のプロセスを見習って製品化するための条件を考え、内容を掘り下げてほしいと思います。

6．町の発明家と企業の創作活動の違い

□（1）課題（問題点）、解決できるか

　発明というのは、単なる思いつきではありません。その作品のテーマ「題目」の課題（構造上の欠点、使い方などの課題）を技術的に解決する手段が発明です。……、と特許法に書いています。

　たとえば、スマートフォン、携帯電話は、身近なものです。

　……、だから、といって、電子回路、通信工学、情報工学の知識がない人がスマートフォン、携帯電話の改良発明にチャレンジしました。

　その一例を紹介しましょう。

　たとえば、子どもが1人で外出して迷子になったとき、簡単な操作で、回りの状況を写します。すると、親は、子どもがどこにいるか場所が、すぐに、わかります。だから、安心です。便利です。……、といったカメラ付きのスマートフォン、携帯電話です。

　以上のような状況の中で、操作が簡単なカメラ付きのスマートフォン、携帯電話を考えたのです。

　ウン、なるほど、と感心できますよね。

　着想の段階では、それで、いいと思います。ところが、そのあとが問題です。何が問題になるか、というと、すぐに、スマートフォン、携帯電話の内部の構造（しくみ）をどうすればいいのか、……、といった課題（問題点）にぶつかってしまうからです。

　ところが、電子回路、スマートフォン、携帯電話の本体の内部の構造の知識がないと、その構造の説明ができません。

　1番大切な「課題を解決するための構造」の説明ができないわけです。

194

その構造の説明ができなければ、課題（問題点）を解決した。……、といえないわけです。

だから、いくらがんばっても、完成しません。したがって、思いつきだけではいけないのです。

□（2）その分野の知識が必要

たとえば、小学生に数学の因数分解の問題を出題しました。

ところが、小学生は、まだ、因数分解、習っていません。だから、問題が解けないのです。

その答えの出し方が発明です。それなのに、知らない分野のことが気になります。だけど、答えが出せないのです。

それでも、知識がない分野にチャレンジしたいときは、そのもとになる基礎の学習からスタートします。それでは、ゴールできるまで、相当の時間がかかります。

逆に、得意な分野なら、答えは、簡単に見つかりますよ。

そこで、その分野は、得意か。どのくらいの知識と体験があるか。自分で試作品が作れるか。どのくらいまで実験（テスト）ができるか。どのくらいの時間がかけられるか。……、そういったところを考えて、作品のテーマ「題目」を選ぶ方がいい、ということです。

□（3）企業では、その分野の技術者が担当する

企業の改善、提案のときは、提案するだけで、その分野の技術者が○○の作品の内容について、技術的に課題（問題点）がないかどうか、製品化の可能性があるかどうかなどのチェックをしてくれます。

いろんな分野の技術者の人が作業を分担して、製品を完成させるのです。

個人の創作活動は、発想から課題（問題点）の解決まで、1人でやります。

それは、得意な分野です。だから、できるのです。

□（４）得意な分野なら、答えがすぐに見つかる

いつも、得意な分野にチャレンジしましょう。

得意な分野です。だから、課題（問題点）を解決したい答えがすぐに見つかります。この点が、会社の改善、提案と町の発明家の創作活動の大きく違うところです。

したがって、○○の作品、趣味として、それを製品化するためには、自分の力より、少しでいいです。レベルを下げてください。

そして、身近で、説明図（図面）が描けて、手作りで、試作品が作れるものの中から選ぶのです。

さらに、得意な分野に取り組めば、創作することは楽しいし、夢もふくらみ、○○の作品の製品化も間違いないでしょう。

あとがきにかえて

□（1）論文は書ける

論文とは、あるものごとについて筋道を立てて、自分の意見をのべた文章のことをいいます。

また、学問上の研究の結果を書きしるした文章をいいます。

……、これが、大辞典にのっている論文の意味です。

いずれにしても、論文を書くには、自分の意見を根拠、理由を説明して、……、なるほど、と他の人（第三者）を納得させるものが必要です。

でも、必ずしも、難しいものだけが論文ではありません。

たとえば、ある記事を読んで、これは、おかしい（！？）、と思い、それについて、論じると、それは論文です。

だから、あまり、難しく考えないでください。そうです。その分野の専門家でなくても、論文は書ける、ということです。

ただ、ここで大事なことは、自分の意見と世の中の人の考えが一致していれば、論文は必要ありません。

論文を書くのは、世の中の多くの人と違う意見、見方があったときです。

しかし、どんなに違った意見、見方であっても、他の人（第三者）が読んで納得できる、ということが大切です。

□（2）本は書ける

文章が上手でないと、本は書けない、と思っていませんか。

原稿が採用されるかどうかについては、文章の上手、下手よりも、もっと大事なことがあります。

それは、いままでになかった考え方、事実があれば、少々文が下手でも採用される、ということです。問題は内容です。

文が上手というのは、内容のある文章が書ける、ということです。

これは、技術が採用されるか否かは、新規性、進歩性があるか、ないかによって決まるのと同じです。

□（3）日記をつける

　文章の学習で、いますぐ実行できるのは、日記をつけることです。

　私は、自分の友だち、お弟子さんに、いまから、日記をつけましょう。

　……、それが一番の文章の上達法ですよ、といってすすめています。

　しかも、日記は、その日、自分がしたこと、見たこと、感じたこと、考えたことを、そのまま書くのです。すると、自然に、観察力も、自分の心の動きなども書けるようになれる、と私は信じていきます。

　また、頭の中で、まだ、形をしていない、モヤモヤしたことも、日記をつけていると、それが、はっきりしてきます。

　したがって、文章も上手になっています。

　さらに、日記をつけることが、それ以上にいいことがあります。

　それは、毎日、書くという、くせができることです。

　文章は書くよりも、まず、なれなさい、といわれますが、それを実行できるからです。

□（4）特許庁に出願できる

　この本を読んでいただいた皆さんは、きっと、文章が上手になり、レポート、特許庁に出願する文章が書きたくなるに違いありません。

　また、名案が、続々浮かんでくるでしょう。

　そして、改善・提案、技術論文の楽しさがわかり、社内でも、入賞し、表彰されて、賞金、賞状を受けるでしょう。

　発明学会（会員組織）では、アイデアコンクールを随時開催しています。

　それに応募してください。すると、あなたの創造力は、ウンと増します。

　そうして、自分の○○の作品、友人の技術を文章にして、それを売り込んでください。技術文書、中でも、特許庁に出願する文章は、自分が一番です、といえるように、やさしい文書が書けるようになってください。

　なれますよ。なぜなら、まわりの人は、難しい文書を書く人ばかりだからです。

　特許願を出願する文章の書き方の参考文献は、拙著「完全マニュアル！発明・特許ビジネス（日本地域社会研究所）」、「特許出願かんたん教科書

（中央経済社）」、「はじめの一歩 一人で特許（実用新案・意匠・商標）などの手続きをするならこの一冊（自由国民社刊）」などがあります。

参考にしてください。

□（5）著者に1回（1件）体験相談ができる

添削指導など、知りたい方は、本書を読んだと、本の書名を書いて、82円切手×6枚を同封して、相談したい内容を書いて、著者あてに申し込んでください。

本の出版のお手伝いもしています。出版プロデューサーです。

1回（1件）体験相談ができます。

小冊子「発明ライフ入門（500円）」、コンクールの応募用紙などの関連のパンフレットお送りさせていただきます。

一言、本を読んだ感想を添えていただけると嬉しいです。

よろしくお願いいたします。

〒162-0055　東京都新宿区余丁町7番1号　発明学会ビル
一般社団法人 発明学会 気付　中本 繁実あて

読者の皆様、貴重な時間を使って、本書を最後まで読んでいただきましてありがとうございました。心から、お礼申し上げます。

《著者略歴》

中本　繁実（なかもと・しげみ）

1953 年（昭和 28 年）長崎県西海市大瀬戸町生まれ。

長崎工業高校卒、工学院大学工学部卒、1979 年社団法人発明学会に入社し、現在は、会長。発明配達人として、講演、著作、テレビなどで「わかりやすい知的財産権の取り方・生かし方」、「わかりやすい特許出願書類の書き方」など、発明を企業に結びつけて製品化するための指導を行っている。初心者のかくれたアイデアを引き出し、たくみな図解力、軽妙洒脱な話力により、知的財産立国を目指す日本の発明最前線で活躍中。わかりやすい解説には定評がある。

座をなごませる進行役として、恋愛などのたとえばなし、言葉遊び（ダジャレ）を多用し、学生、受講生の意欲をたくみに引き出す講師（教師）として活躍している。洒落も、お酒も大好き。数多くの個人発明家に、成功ノウハウを伝授。発明・アイデアの指導の実績も豊富。

東京日曜発明学校校長、工学院大学非常勤講師、家では、非常勤お父さん。

がくぶん通信講座「アイデア商品開発講座」主任講師

日本経営協会　改善・提案研究会 関東本部 企画運営委員

著作家、出版プロデューサー、1 級テクニカルイラストレーション技能士。職業訓練指導員。

著書に『発明・アイデアの楽しみ方』（中央経済社）、『はじめて学ぶ知的財産権』（工学図書）、『発明に恋して一攫千金』（はまの出版）、『発明のすすめ』（勉誠出版）、『これでわかる立体図の描き方』（パワー社）、『誰にでもなれる発明お金持ち入門』（実業之日本社）、『はじめの一歩　一人で特許（実用新案・意匠・商標）の手続きをするならこの 1 冊　改訂版』（自由国民社）、『発明・特許への招待』（日本地域社会研究所）、『やさしい発明ビジネス入門』（日本地域社会研究所）、『まねされない地域・企業のブランド戦略』（日本地域社会研究所）、『発明魂』（日本地域社会研究所）、『知的財産権は誰でもとれる』（日本地域社会研究所）、『環境衛生工学の実践』（日本地域社会研究所）、『特許出願かんたん教科書』（中央経済社）、『発明で一攫千金』（宝島社）、『発明！ヒット商品の開発』（日本地域社会研究所）、『企業が求める発明・アイデアがよくわかる本』（日本地域社会研究所）など多数。

監修に『面白いほどよくわかる発明の世界史』（日本文芸社）、『売れるネーミングの商標出願法』（日本地域社会研究所）などがある。

監修／テキストの執筆に、がくぶん『アイデア商品開発講座』（通信教育）テキスト6 冊がある。

誰でも書ける！
「発明・研究・技術」小論文の書き方

2018 年 12 月 31 日　第 1 刷発行

著　者　中本繁実

発行者　落合英秋

発行所　株式会社 日本地域社会研究所

　　　　〒 167-0043　東京都杉並区上荻 1-25-1

　　　　TEL　(03)5397-1231(代表)

　　　　FAX　(03)5397-1237

　　　　メールアドレス　tps@n-chiken.com

　　　　ホームページ　http://www.n-chiken.com

　　　　郵便振替口座　00150-1-41143

印刷所　モリモト印刷株式会社

©Nakamoto Shigemi　2018　Printed in Japan
落丁・乱丁本はお取り替えいたします。
ISBN978-4-89022-232-2

———— 日本地域社会研究所の好評図書 ————

農と食の王国シリーズ 山菜王国 ～おいしい日本菜生ビジネス～

中村信也・炭焼三太郎監修／ザ・コミュニティ編…地方創生×自然産業の時代！山村に眠る独特の風味・料理法も多彩な山菜の魅力に迫り、ふるさと自慢の山菜ビジネスの事例を紹介。「山菜検定」付き！大地の恵み・四季折々の独

A5判194頁／1852円

心身を磨く！美人力レッスン いい女になる78のヒント

高田建司著…心と体のぜい肉をそぎ落とせば、誰でも知的美人になれる。それには日常の心掛けと努力が第一。玉も磨かざれば光なし。いい女になりたい人必読の書！

46判146頁／1400円

不登校、学校へ「行きなさい」という前に ～今、わたしたちにできること～

阿部伸一著…学校へ通っていない生徒を学習塾で指導し、保護者をカウンセリングする著者が、これからの可能性を大きく秘めた不登校の子どもたちや、その親たちに送る温かいメッセージ。

46判129頁／1360円

あさくさのちょうちん

木村昭平＝絵と文…活気・元気いっぱいの浅草。雷門の赤いちょうちんの中にすむ不思議な女と、おとうさんをさがすひとりぼっちの男の子の切ない物語。

B5判上製32頁／1470円

生涯学習まちづくりの人材育成 人こそ最大の地域資源である！

瀬沼克彰著…「今日用（教養）がない」「今日行く（教育）ところがない」といわないで、生涯学習に積極的に参加しよう。地域の活気・元気づくりの担い手を育て、みんなで明るい未来を拓こう！と呼びかける提言書。

46判329頁／2400円

石川啄木と宮沢賢治の人間学 ビールを飲む啄木×サイダーを飲む賢治

佐藤竜一著…東北が生んだ天才的詩人・歌人の石川啄木と国民的詩人・童話作家の宮沢賢治。異なる生き方と軌跡、そして共通点を持つふたりの作家を偲ぶ比較人物論！

46判173頁／1600円

──── 日本地域社会研究所の好評図書 ────

「消滅自治体」は都会の子が救う　地方創生の原理と方法

三浦清一郎著…もはや「待つ」時間は無い。地方創生の歯車を回したのは「消滅自治体」の公表である。日本国の均衡発展は、企業誘致でも補助金でもなく、「義務教育の地方分散化」の制度化こそが大事と説く話題の書！

46判116頁／1200円

歴史を刻む！街の写真館　山口典夫の人像歌

山口典夫著…大物政治家、芸術家から街の人まで…。肖像写真の第一人者、愛知県春日井市の写真家が撮り続けた作品の集大成。モノクロ写真の深みと迫力が歴史を物語る一冊。

A4判変型143頁／4800円

ピエロさんについていくと

金岡雅文／作・木村昭平／画…学校も先生も雪ぐみもきらいな少年が、まちをあるいているとピエロさんにあった。ついていくとふかいふかい森の中に。そこには大きなはこがあって、中にはいっぱいのきぐるみが…。

B5判32頁／1470円

新戦力！働こう年金族　シニアの元気がニッポンを支える

原忠男編著／中本繁実監修…長年培ってきた知識と経験を生かして、個ビジネス、アイデア・発明ビジネス、コミュニティ・ビジネス…で、世のため人のため自分のために、大いに働こう！第二の人生を謳歌する仲間からの体験記と応援メッセージ。

46判238頁／1700円

東日本大震災と子ども ～3・11 あの日から何が変わったか～

宮田美恵子著…あの日、あの時、子どもたちが語った言葉、そこに込められた思いを忘れない。筆者の記録をもとに、この先もやってくる震災に備え、考え、行動するための防災教育読本。震災後の子どもを見守った

A5判81頁／926円

ニッポンのお・み・や・げ　魅力ある日本のおみやげコンテスト 2005年―2015年受賞作総覧

観光庁監修／日本地域社会研究所編…東京オリンピックへむけて日本が誇る土産物文化の総まとめ。全国各地から選ばれた、おもてなしの逸品188点を一挙公開！地域ブランドの振興と訪日観光の促進のために、

A5判130頁／1880円

日本地域社会研究所の好評図書

不登校、ひとりじゃない　決してひとりで悩まないで！

特定非営利活動法人いばしょづくり編…「不登校」は特別なことではない。不登校サポートの現場から生まれた保護者や経験者・本人の体験談や前向きになれる支援者の熱いメッセージ＆ヒント集。

46判247頁／1800円

世界初！コンピュータウイルスを無力化するプログラム革命（LYEE）

あらゆる電子機器の危機を解放する

根来文生著／関敏夫監修／エコハ出版編…世界的な問題になっているコンピュータウイルスが、なぜ存在するのかの原因に迫った40年間の研究成果。根本的な解決策を解き明かす待望の1冊。

46判247頁／1800円

複雑性マネジメントとイノベーション　〜生きとし生ける経営学〜

野澤宗二郎著…企業が生き残り成長するには、関係性の深い異分野の動向と先進的成果を貪欲に吸収し、社会的ニーズに迅速に対処できる革新的仕組みづくりをめざすことだ。次なるビジネスモデル構築のための必読書。

46判254頁／1852円

国際結婚の社会学　アメリカ人妻の「鏡」に映った日本

三浦清一郎著…国際結婚は個人同士の結婚であると同時に、ふたりを育てた異なった文化間の「擦り合わせ」でもある。アメリカ人妻の言動が映し出す日本文化の特性を論じ、あわせて著者が垣間見たアメリカ文化を分析した話題の書。

46判170頁／1528円

農と食の王国シリーズ

『農と食の王国シリーズ』第1弾！

柿の王国　〜信州・市田の干し柿のふるさと〜

鈴木克也著／エコハ出版編…「市田の干し柿」は南信州の恵まれた自然・風土の中で育ち、日本の代表的な地域ブランドだ。

A5判114頁／1250円

超やさしい吹奏楽　ようこそ！ブラバンの世界へ

小髙臣彦著…吹奏楽の基礎知識から、楽器、運指、指揮法、移調…まで。イラスト付きでわかりやすくていねいに解説。吹奏楽を始める人、楽しむ人にうってつけの1冊！

A5判177頁／1800円

日本地域社会研究所の好評図書

スマート経営のすすめ
ベンチャー精神とイノベーションで生き抜く！

野澤宗二郎著…変化とスピードの時代に、これまでのビジネススタイルでは適応できない。成功と失敗のパターンに学び、厳しい市場経済の荒波の中で生き抜くための戦略的経営術を説く！

46判207頁／1630円

みんなのミュージアム
人が集まる博物館・図書館をつくろう

塚原正彦著…未来を拓く知は、時空を超えた夢が集まった博物館と図書館から誕生している。ダーウィン、マルクスという知の巨人を育んだミュージアムの視点から未来のためのプロジェクトを構想した著者渾身の1冊。

46判249頁／1852円

文字絵本 ひらがないろは 普及版

東京学芸大学文字絵本研究会編…文字と色が学べる楽しい絵本！幼児・小学生向き。親や教師、芸術を学ぶ人、帰国子女、日本文化に興味がある外国人などのための本。

A4変型判上製54頁／1800円

ニッポン創生！ まち・ひと・しごと創りの総合戦略
～一億総活躍社会を切り拓く～

新井信裕著…経済の担い手である地域人財と中小企業の健全な育成を図り、逆境に耐え、復元力・耐久力のあるレジリエンスコミュニティをつくるために、政界・官公界・労働界・産業界への提言書。

46判384頁／2700円

戦う終活　～短歌で啖呵～

三浦清一郎著…老いは戦いである。戦いは残念ながら「負けいくさ」になるだろうが、終活短歌が意味不明の八つ当たりにならないように、晩年の主張や小さな感想を付加した著者会心の1冊！

46判122頁／1360円

レジリエンス経営のすすめ
～現代を生き抜く、強くしなやかな企業のあり方～

松田元著…キーワードは「ぶれない軸」と「柔軟性」。管理する経営から脱却し、自主性と柔軟な対応力をもつ「レジリエンス＝強くしなやかな"企業であるために必要なことは何か。真の「レジリエンス経営」をわかりやすく解説した話題の書！

A5判213頁／2100円

——— 日本地域社会研究所の好評図書 ———

隠居文化と戦え
社会から離れず、楽をせず、健康寿命を延ばし、最後まで生き抜く

三浦清一郎著…人間は自然、教育は手入れ。子供は開墾前の田畑、退職者は休耕田。手入れを忘れば身体はガタガタ、精神はボケる。隠居文化が「社会参画」と「生涯現役」の妨げになっていることを厳しく指摘。

46判125頁／1360円

コミュニティ学のススメ
ところ定まればこころ定まる

濱口晴彦編著…あなたは一人ではない。人と人がつながって、助け合い支え合う絆で結ばれたコミュニティがある。地域共同体・自治体経営のバイブルともいえる啓発の書！

46判339頁／1852円

癒しの木龍神様と愛のふるさと
～未来の子どもたちへ～

ごとむく・文／いわぶちゆい・絵…大地に根を張り大きく伸びていく木々、咲き誇る花々、そこには妖精（フェアリー）たちがいる。「自然と共に生きること」がこの絵本で伝えたいメッセージである。薄墨桜に平和への祈りを込めて、未来の子どもたちに贈る絵本！

46判上製40頁／1600円

現代俳優教育論 ～教わらない俳優たち～

北村麻菜著…俳優に教育は必要か。小劇場に立つ若者たちは演技指導を重視し、「教育不要」と主張する。俳優優教育機関が乱立する中で、真に求められる教えとは何か。取材をもとに、演劇という芸術を担う人材をいかに育てるべきかを解き明かす。

46判180頁／1528円

発明！ ヒット商品の開発
アイデアに恋をして億万長者になろう！

中本繁実著…アイデアひとつで誰でも稼げる。「頭」を使って「脳」を目覚めさせ、ロイヤリティー（特許実施料）で儲ける。得意な分野を活かして、地方創生・地域活性化を成功させよう！1億総発明家時代へ向けての指南書。

46判288頁／2100円

観光立村！ 丹波山通行手形
都会人が山村の未来を切り拓く

炭焼三太郎・鈴木克也著…丹波山（たばやま）は山梨県の東北部に位置する山村である。本書は丹波山を訪れる人のガイドブックとすると同時に、丹波山の過去・現在・未来を総合的に考え、具体的な問題提起もあわせて収録。

46判159頁／1300円

──── 日本地域社会研究所の好評図書 ────

関係 Between

三上宥起夫著…職業欄にその他とも書けない、裏稼業の人々の、複雑怪奇な「関係」を飄々と描く。寺山修司を師と仰ぐ三上宥起夫の書き下ろし小説集！

46判189頁／1600円

黄門様ゆかりの小石川後楽園博物志 天下の名園を愉しむ！

本多忠夫著…天下の副将軍・水戸光圀公ゆかりの大名庭園で、国の特別史跡・特別名勝に指定されている小石川後楽園の歴史と魅力をたっぷり紹介！ 水戸観光協会・文京区観光協会推薦の１冊。

46判424頁／3241円

年中行事えほん もちくんのおもちつき

やまぐちひでき・絵／たかぎのりこ・文…神様のために始められた行事が餅つきである。ハレの日や節句などの年中行事に用いられる餅のことや、鏡餅の飾り方など大人にも役立つおもち解説つき！

A4変型判上製32頁／1400円

中小企業診断士必携！ コンサルティング・ビジネス虎の巻 〜マイコンテンツづくりマニュアル〜

アイ・コンサルティング協同組合編／新井信裕ほか著…「民間の者」としての診断士ここにあり！ 経営改革ツールを創出し、中小企業を支援するビジネスモデルづくりをめざす。中小企業に的確で実現確度の高い助言を行なうための学びの書。

A5判188頁／2000円

子育て・孫育ての忘れ物 〜必要なのは「さじ加減」です〜

三浦清一郎著…戦前世代には助け合いや我慢を教える「貧乏」という先生がいた。今の親世代に、豊かな時代の子ども育て・しつけのあり方をわかりやすく説く。こども教育読本ともいえる待望の書。

46判167頁／1480円

スマホ片手にお遍路旅日記 四国八十八カ所＋別格二十カ所 霊場めぐりガイド

諸原潔著…八十八カ所に加え、別格二十カ所で煩悩の数と同じ百八カ所。遍路旅。実際に歩いた人しかわからない、おすすめのルートも収録。初めてのお遍路旅にも役立つ四国の魅力がいっぱい。金剛杖をついて弘法大師様と同行二人の歩き遍路旅。

46判259頁／1852円

───── 日本地域社会研究所の好評図書 ─────

教育小咄 ～笑って、許して～

三浦清一郎著…活字離れと、固い話が嫌われるご時世。高齢者教育・男女共同参画教育・青少年教育の3分野で、生涯学習・社会システム研究者が、ちょっと笑えるユニークな教育論を展開！

46判179頁／1600円

防災学習読本 大震災に備える！

坂井知志・小沼涼編著…2020年東京オリンピックの日に大地震が起きたらどうするかために今の防災教育は十分とはいえない。非常時に助け合う関係をつくるための学生と紡いだ物語。

震災の記憶を風化させない

46判103頁／926円

地域活動の時代を拓く

みんなで本を出そう会編…老若男女がコミュニティと共に生きるためには？共創・協働の人づくり・まちづくりと生きがいづくりを提言。みんなで本を出そう会の第2弾！

46判354頁／2500円

コミュニティ手帳 都市生活者のための緩やかな共同体づくり

落合英秋・鈴木克也・本多忠夫著／ザ・コミュニティ編…人と人をつなぎ地域を活性化するために、「地域創生」と新しいコミュニティづくりの必要性を説く。みんなが地域で生きる時代の必携書！

コミュニティづくりのコーディネーター×サポーターの実践事例

46判124頁／1200円

詩歌自分史のすすめ ──不帰春秋片想い──

三浦清一郎著…人生の軌跡や折々の感慨を詩歌に託して書き記す。不出来でも思いの丈が通じれば上出来。人は死んでも「紙の墓標」は残る。大いに書くべし！

46判149頁／1480円

成功する発明・知財ビジネス 未来を先取りする知的財産戦略

中本繁実著…お金も使わず、タダの「頭」と「脳」を使うだけ。得意な経験と知識を生かし、趣味を実益につなげる。ワクワク未来を創る発明家を育てたいと、発明学会会長が説く「サクセス発明道」。

46判248頁／1800円

※表示価格はすべて本体価格です。別途、消費税が加算されます。